Die Kausallehre des Strafrechts.

Die Kausallehre des Strafrechts.

Ein Beitrag zur praktischen Kausallehre.

Von

W. v. Rohland,
o. Professor der Rechte in Freiburg i. Br.

Leipzig,
Verlag von Duncker & Humblot.
1903.

Alle Rechte vorbehalten.

Piererſche Hofbuchdruckerei Stephan Geibel & Co. in Altenburg.

Inhaltsverzeichnis.

I. Die Prinzipien der praktischen Kausallehre.

		Seite
§ 1.	1. Die praktische Kausallehre als Wertlehre	1
	2. Die psychologischen Kausalprinzipien	10
§ 2.	A. Das Zweckprinzip	10
§ 3.	B. Das Prinzip der Erwartung	19
§ 4.	3. Die normativen Kausalprinzipien	32

II. Die Grundzüge der strafrechtlichen Kausallehre.

§ 5.	1. Handlung und Kausalzusammenhang	44
§ 6.	2. Die Arten der Verursachung	53
§ 7.	3. Der Zufall	60

I. Die Prinzipien der praktischen Kausallehre.

§ 1. 1. Die praktische Kausallehre als Wertlehre.

Das Kausalgesetz, welches zu jedem Geschehen als zureichenden Grund seines Werdens eine Ursache verlangt, beansprucht als Grundlage unserer Erkenntnis Geltung für alle Gebiete des Denkens. Als formales Denkgesetz enthält dasselbe aber keine Aussagen materieller Art. Es besagt nichts darüber, was Ursache und Wirkung zu sein vermag, und wie beschaffen der Zusammenhang zwischen ihnen sein kann. In materieller Hinsicht stellt es ein Blankett aus, welches vom theoretischen und praktischen Denken auszufüllen ist.

Es ist nun zunächst die Logik, welche die Kausallehre ausbildet, indem sie den Begriff der Ursache und Wirkung sowie die Beschaffenheit des Zusammenhanges zwischen beiden näher bestimmt. Die logische Auffassung der Kausalität ist indessen nicht die einzige mögliche Betrachtungsweise derselben. Sie stellt vielmehr bloß diejenige Auffassung dar, welche sich ergibt, wenn man von der wirklichen Beschaffenheit der Dinge und ihres Verhaltens absieht und in dem Geschehen einen unter der Herrschaft der Denkgesetze sich vollziehenden logischen Prozeß erblickt. Sie ist die Betrachtungsweise des Geschehens unter dem Gesichtspunkte des abstrakten Denkens. Die logische Kausallehre findet daher als die **theoretische** ihre notwendige Ergänzung in der **praktischen** oder angewandten Kausallehre. Wie die logische Kausallehre die des **abstrakten**, so ist die praktische Kausallehre die des **angewandten** Denkens. Ihr Reich ist das wirkliche Leben, das tägliche und das von höheren Zwecken geleitete, sowie das Gebiet der angewandten Wissenschaften, und somit ist sie auch die Kausallehre des Rechts und der Wissenschaft von demselben.

Die praktische Kausallehre geht aus von dem Wesen der Dinge, wie dasselbe in ihrem Wirken sich kundgibt. Ihre Grundlage ist nicht das Denken mit seinen Gesetzen, sondern die Wirklichkeit mit den in ihr wirksamen Kräften und den diese beherrschenden Prinzipien. Sie ruht also auf ontologischer Grundlage, und ihre Lehrmeisterin ist die Erfahrung. Das Wirken und die Wirkungsfähigkeit der Dinge sind die Elemente, aus denen sie sich aufbaut. Demgemäß ist auch ihre Stellung zum Verlauf der Dinge eine andere wie die der logischen Kausallehre. Sie erblickt nicht, gleich dieser, in dem Weltlauf einen logischen Prozeß, in welchem jedes Geschehen aus seinen Voraussetzungen mit Notwendigkeit folgt, sondern eine fortlaufende Reihe in der Wirklichkeit sich vollziehender Ereignisse.

So ist die Grundlage der praktischen Kausalbetrachtung eine von der logischen durchaus verschiedene, und sie gelangt daher zu einer von dieser wesentlich abweichenden Kausallehre. Die erkenntnistheoretische Basis, die Anerkennung des Kausalgesetzes, wahrt sie freilich auch für ihr Gebiet, wie die Logik das ihrige. Bei der Ausgestaltung der Elemente des Kausalverhältnisses aber schlägt sie selbständige Bahnen ein, und sie schöpft die Berechtigung hierzu aus dem Wesen und den Zielen des auf die Wirklichkeit angewendeten Denkens.

Die praktische Kausallehre will nicht das Geschehen erklären, sie wendet also nicht, wie die Logik, das Verhältnis von Ursache und Wirkung an, um die Gesetzmäßigkeit des Geschehens nachzuweisen, sondern sie stellt sich die Aufgabe, die Wirklichkeit zu erforschen und die Wirksamkeit der sie bewegenden Kräfte an der Hand der Erfahrung zu beurteilen, um dieselben den menschlichen Zwecken dienstbar zu machen. Sie übt also nicht eine bloß **erklärende**, sondern eine **beurteilende** Funktion aus. Die Erfahrung weist nun eine verschiedene Wirksamkeit und Wirkungsfähigkeit der Dinge auf, denen somit ein verschiedener Kausalwert zukommt. Sie stellen verschiedene kausale Größenwerte dar, und da diese Beschaffenheit derselben in der Erfahrung gegeben ist, so sind sie zugleich Erfahrungswerte. Indem nun die praktische Kausallehre den kausalen Wert der Dinge zur Grundlage nimmt, streift sie den Charakter einer bloßen Erkenntnislehre ab und erhebt sich zu einer Wertlehre.

In der praktischen Kausallehre nimmt vor allem der Begriff der Ursache eine wesentlich andere Gestalt an. Die Logik betrachtet als Ursache die Gesamtheit der Bedingungen eines Ereignisses. Alle Bedingungen erscheinen ihr gleichwertig, weil sie alle für den Eintritt der Wirkung notwendig sind. Jede von ihnen kann daher als Ursache bezeichnet werden.

Der logische Begriff der Ursache als Gesamtheit der Bedingungen ist indessen anerkanntermaßen für die praktische Kausalbetrachtung völlig unbrauchbar. Diese bedarf einer Anknüpfung des Ursachenbegriffs an eine einzelne Bedingung. Erst die Isolierung der einzelnen Bedingung von den übrigen, die gesonderte Betrachtung ihrer Wirkungsfähigkeit ermöglicht eine kausale Wertschätzung derselben im Hinblick auf die zu realisierenden Zwecke und läßt einen Ursachenbegriff entstehen, der den Bedürfnissen der praktischen Anwendung Genüge leistet.

Die Logik kennt freilich auch einen Begriff der Ursache, der sich auf die einzelne Bedingung stützt. Diese Auffassung ist indessen eine gleichsam nur geduldete — ein tolerari posse —, der wahre Begriff der Ursache bleibt der Logik doch die Gesamtheit der Bedingungen. Aber auch hiervon abgesehen, sie führt auch nicht zu einer scharfen Scheidung von Ursache und Bedingung. Sie gründet sich darauf, daß die übrigen Bedingungen als vorhanden angenommen werden und nur die letzte erforderliche Bedingung als hinzukommend gedacht wird. Dieser kann dann eine hervorragende Stellung in dem Sinne zuerkannt werden, als sie, wie Schopenhauer es ausdrückt, das Maß gleichsam voll macht. Ihre von den übrigen Bedingungen abweichende Bedeutung entsteht also nur dadurch, daß sie als die letzte vorgestellt wird. Da nun aber jede Bedingung diese kausale Bedeutung erhalten kann, indem sie als die zuletzt hinzukommende gedacht wird, so ist jede Bedingung befähigt, Ursache zu sein, mithin bleiben im Grunde alle Bedingungen gleichwertig.

Ganz anders in der praktischen Kausallehre. Für diese ist die Auffassung einer Bedingung als Ursache nicht bloß etwas allenfalls

Zulässiges, sondern die einzigberechtigte Fassung des Ursachenbegriffs, und hinsichtlich der Bestimmung, ob eine Bedingung Ursache ist, erscheint es ihr völlig ausgeschlossen, bloß die Vorstellung des Zuletzthinzukommens über die Ursachenqualität entscheiden zu lassen. Der Unterschied zwischen Ursache und Bedingung ist ihr vielmehr ein kausaler Wertunterschied, der in den realen Verhältnissen seine Begründung findet und deshalb im einzelnen Falle aus diesem mit Notwendigkeit sich ergibt, nicht etwa beliebig geändert werden kann. Ursache ist immer die Bedingung eines Ereignisses, welche die Kraft hatte, dasselbe herbeizuführen; alle sonstigen Voraussetzungen betrachtet die praktische Kausallehre als bloße Bedingungen, weil sie diese Kraft nicht besaßen, wenn sie auch für den Eintritt notwendig waren. Das Urteil, daß etwas Ursache ist, enthält daher stets ein **kausales Werturteil**, — ein Urteil über sich vollziehendes Wirken und vorhandene Wirkungsfähigkeit.

Damit tritt die fundamental verschiedene Stellung des theoretischen und des praktischen Denkens zum Begriff der Ursache hervor. Jenes bestimmt denselben unter dem logischen Gesichtspunkt einer Bedingung der Wirkung, dieses unter dem ontologischen des Wirkens und der Wirkungsfähigkeit. Der praktische Ursachenbegriff gründet sich auf das Wirken thätiger Kräfte. Dieser Auffassung entspricht auch seine Verwendung in den angewandten Wissenschaften. Den Psychologen beschäftigt die Kausalität des Willens, der Theologe statuiert eine göttliche Kausalität, wenn er den Ursprung der Welt auf einen Ratschluß Gottes zurückführt, der Historiker erblickt in einem geschichtlichen Ereignis, etwa einer Revolution, die Wirksamkeit der treibenden politischen Kräfte, der Jurist betrachtet die Willensbethätigungen des Menschen, seine Handlungen, als die Ursache das Recht interessierender Wirkungen. Der Mediziner faßt das Eindringen und die Thätigkeit der Bazillen im menschlichen Körper als Ursache von Erkrankungen auf, der Naturforscher bezeichnet die vom Monde ausgeübte Anziehungskraft als Ursache von Ebbe und Flut.

Wie die Wirksamkeit eine Kausalität, so bezeichnet die praktische Kausalauffassung auch die Kausalitäten, von denen das Wirken ausgeht, die thätigen Kräfte selbst, als Ursache. So, wenn wir von politischen Kausalitäten, sozialen Ursachen u. s. w. reden. Die Quelle einer Wirksamkeit erscheint in letzter Linie als der eigentliche zureichende Grund eines Geschehens.

Wie die praktische Kausallehre die Ursache aus der Zahl der Bedingungen herausgreift und ihr eine selbständige Stellung einräumt, so löst sie auch die enge Verbindung, in der sie nach logischer Auffassung mit der Wirkung steht. Auch in dieser Beziehung wird der praktische Ursachenbegriff auf eigene Füße gestellt. Die logische Kausallehre weiß nur von Ursachen eingetretener Wirkungen; die praktische Kausallehre kennt zwar gleichfalls Ursachen eingetretener Wirkungen, weil aber ihr Ursachenbegriff auf das Wirken und die Wirkungsfähigkeit sich gründet, so nimmt sie auch Ursachen künftiger Ereignisse an. Sie kennt also nicht nur Ursachen wirklicher Wirkungen, sondern auch Ursachen möglicher Wirkungen.

Dieser letztere Begriff der Ursache ist sogar für die praktische Kausallehre der eigentliche Ursachenbegriff, welcher das wahre Wesen derselben, ihre Wirkungsfähigkeit, zum Ausdrucke bringt. Der praktische Ursachenbegriff stellt sich dar als ein Kraftbegriff, ist also der sog. dynamische Ursachenbegriff. Im Gegensatz zum logischen läßt er sich auch bezeichnen als der ontologische oder reale, weil er auf den Verhältnissen der Wirklichkeit beruht, oder — im Sinne der logischen Begriffsbildung — als der sog. metaphysische, der das wahre Wesen zum Inhalt hat[1]).

So bildet die Wirkungsfähigkeit die Basis für den Ursachenbegriff in der praktischen Kausallehre und wird demgemäß auch zum Maßstab für die kausale Wertschätzung des Wirkens. Alles Wirken bewegt sich in der Richtung nach bestimmten Wirkungen hin, die sich erfahrungsmäßig an dasselbe zu schließen pflegen. Auch wenn aber dem Wirken im einzelnen Falle die Wirkung nicht folgt, so behält dasselbe, als Ausfluß einer Wirkungsfähigkeit, im Hinblick auf zu realisierende Zwecke für die praktische Kausalbetrachtung doch seinen Wert.

---

[1]) Von den drei Arten des Begriffs, welche die Logik annimmt (Sigwart, Logik I 271 f.), dem logischen, empirischen und metaphysischen, entspricht die Ursache als Gesamtheit aller Bedingungen, dem logischen Ursachenbegriff, der aus der Wirkung abstrahierte, dem empirischen und der auf der Wirkungsfähigkeit beruhende, dem metaphysischen.

Von diesem Gesichtspunkt aus bestimmt sich auch die Bewertung einer Handlung als Ursache. Wir bezeichnen eine Handlung als Ursache zunächst in dem Sinne, daß sich in ihr eine Wirksamkeit äußert, ein Wirken nach einer bestimmten Richtung hin. Das Urteil, daß eine Handlung Ursache ist, spricht dann nur etwas Thatsächliches aus. Wollen wir jedoch über eine Handlung ein kausales Werturteil abgeben, so legen wir ihre Wirkungsfähigkeit zu Grunde. Hiernach ist eine Handlung dann Ursache, wenn sie unter den gegebenen Umständen erfahrungsmäßig den Erfolg herbeizuführen vermag. So bezeichnen wir das Abdrücken des Gewehres, das Beibringen des Giftes u. s. w. als das Setzen der Ursache. Mit der Vornahme dieser Handlungen hat der Thäter die Ursache gesetzt, und ob sich an die Handlung der Erfolg anschließt oder nicht, ist für ihre ursächliche Bedeutung gleichgültig. Entscheidend für die Ursachenqualität einer Handlung ist also ihre Wirkungsfähigkeit, nicht ihr thatsächlicher Verlauf. Auch wenn im einzelnen Falle ihr der Erfolg versagt bleibt, so wird dadurch die kausale Wertschätzung derselben nicht beeinflußt. Nach ihrer Wirkungsfähigkeit, ihrer Tauglichkeit zur Erreichung bestimmter Zwecke, berechnet sich ihr Wert für die praktische Kausalbetrachtung.

Wie die praktische Kausalbetrachtung den Begriff der Ursache im Vergleich zu seiner logischen Auffassung umgestaltet, so wirkt sie auch auf den der Wirkung ein, wenn auch diesen nicht in dem Maße beeinflußend wie jenen. Nach der logischen Anschauung kennzeichnet sich die Wirkung als Veränderung in den Zuständen der Dinge; nach der praktischen Kausalauffassung kann die Wirkung nicht nur hierin bestehen, sondern auch in einer Veränderung der Dinge selbst. Sie vermag also die Gestalt einer Substanzverletzung anzunehmen, wie z. B. bei der Ehrverletzung und Körperverletzung, ja, sogar eine Vernichtung dieser darzustellen, wie bei der Sachbeschädigung, der Lebensvernichtung.

Die praktische Kausallehre scheidet ferner auf Grund der Erfahrung die materiellen und ideellen Objekte und Kräfte und gelangt demgemäß zur Anerkennung zweier Formen des Geschehens: der mechanischen und geistigen Kausalität. An materiellen Objekten pflegen mechanische Vorgänge, an geistigen Objekten ideelle Vorgänge sich zu vollziehen. Es ist aber auch möglich, daß an materiellen Dingen ideelle Veränderungen vor sich gehen, so z. B. in den rechtlichen Verhältnissen einer Sache infolge Wechsels des Eigentums. Erhält etwa jemand eine ihm geliehene Sache geschenkt, so hat mit dem Übergang des Eigentums eine rechtlich bedeutsame Veränderung in den Verhältnissen der Sache stattgefunden, ohne daß diese zugleich von einer äußeren Zustandsveränderung begleitet ist.

Der Begriff der Wirkung erfährt in der praktischen Kausallehre noch eine weitreichende Erweiterung, indem die Vorstellung einer Veränderung von den Dingen übertragen wird auf ihren **Verlauf**. Auch der Verlauf des Geschehens überhaupt und der einzelnen Ereignisse wird als ein Objekt aufgefaßt und erscheint daher der Veränderung fähig. Alles Wirken erfolgt in einer bestimmten Art und Weise; die einzelnen Ereignisse weisen daher einen gewissen Typus, eine eigentümliche Beschaffenheit auf. Der Verlauf eines Ereignisses kann nun aber ein anderer werden, als er bisher war, indem sich seine Beschaffenheit verändert. Der Verlauf eines Krieges, der anfangs für den Angreifer günstig war, ändert sich, wenn es später zu einer schweren Niederlage desselben kommt und der Angegriffene nun siegreich vordringt. Eine Krankheit verläuft vielleicht anfangs normal, gestaltet sich aber nachher infolge eintretender Komplikationen zu einer ungewöhnlich schweren. Von diesem Gesichtspunkt ergibt sich eine Änderung in der Auffassung der Kausalität des einzelnen Geschehens; dasselbe besitzt nun nicht mehr als solches schon Kausalität, sondern nur insoweit es den bisherigen Verlauf anders gestaltet, während es, wenn es diesem entspricht, keine Kausalität bedeutet. Wenn z. B. ein Prozeß von Anfang an für den Angeklagten günstig steht, so tritt so lange keine Änderung in seinem Verlauf ein, als die vernommenen Zeugen zu Gunsten des Beschuldigten aussagen, während erst die ihn schwer belastenden Mitteilungen eines späteren Zeugen dem Prozeß eine andere Wendung geben.

Wie hinsichtlich der Auffassung der Ursache und der Wirkung scheidet sich die praktische Kausallehre von der logischen in Betreff der Art und Weise, wie sie den kausalen Zusammenhang zwischen beiden bestimmt. Nach der logischen Auffassung wird der Zusammenhang zwischen Ursache und Wirkung vom Prinzip der Notwendigkeit getragen. Mit Notwendigkeit bringt die Ursache die Wirkung hervor, und diese folgt jener mit Notwendigkeit. Für die praktische Kausalbetrachtung ist es nicht erforderlich, daß ein notwendiger Zusammenhang zwischen Ursache und Wirkung besteht; es genügt vielmehr zur Annahme eines solchen, daß der Erfolg erfahrungsmäßig aus der Handlung hervorzugehen pflegt. Ja, selbst eine entfernte, aber doch von der Erfahrung zugelassene Möglichkeit schließt unter Umständen den Zusammenhang nicht aus, wie z. B. beim Schießen auf eine große Entfernung, um einen Menschen zu töten. So tritt an die Stelle des notwendigen Zusammenhanges der **erfahrungsmäßige**.

Mit der Selbständigkeit, welche die praktische Kausallehre dem Wirken als solchem, ohne Rücksicht auf einen eingetretenen Erfolg, zuerkennt, hängt auch eine Auffassung des Kausalzusammenhanges zusammen, die vom logischen Standpunkte aus unerklärlich und unzulässig erscheint, die Annahme einer Unterbrechung des Kausalzusammenhangs. Für die logische Betrachtung ist entweder ein Zusammenhang da, wie aus dem Eintritt der Wirkung sich ergibt, oder wenn die Wirkung nicht eintritt, so beweist das, daß kein Zusammenhang vorhanden war. Anders in der praktischen Kausallehre. Da das Wirken nach bestimmten Richtungen hin erfolgt, so ist es möglich, daß dieses Wirken in seiner Richtung auf den Erfolg durch eine andere Kausalität durchkreuzt wird; so entsteht die Vorstellung einer Unterbrechung des Kausalzusammenhangs. Unterbrochener Kausalzusammenhang ist unterbrochenes Wirken, Unterbrechung des Zusammenhangs, wie er auf Grund der Erfahrung in der Erwartung besteht. Eine solche Unterbrechung des Kausalzusammenhangs liegt z. B. vor, wenn A den B tödlich verletzt hat, ehe aber der Tod infolge der Verletzung eintritt, der B vom Blitz erschlagen wird, oder wenn der Unternehmer eines Steinbruchs denselben ordnungswidrig betreibt, so daß Gefahren für die Arbeiter entstehen und in der Richtung auf einen schädlichen Erfolg wirksam sind, bevor aber aus diesem Grunde ein Unfall erfolgt, ein Arbeiter durch seine eigene grobe Unvorsichtigkeit verunglückt.

Für die Gestaltung des Kausalzusammenhangs in der praktischen

Kausallehre ist weiterhin von Bedeutung die Erfahrungsthatsache, daß unter gewissen Bedingungen an die Wirkungen einer Ursache sich weitere Wirkungen anzuschließen pflegen oder sich wenigstens anschließen können, sowie daß bei sich kreuzenden Kausalreihen die Wirksamkeit der einen durch Hinderung der anderen freie Bahn erhalten kann. Diese Beobachtung schafft die Grundlage für die Anerkennung verschiedener Arten der Verursachung, der unmittelbaren und der mittelbaren Verursachung einerseits und der direkten und indirekten Verursachung andererseits, welche namentlich für die Kausalität im Recht von Bedeutung sind.

Die Erfahrung lehrt endlich einen regelmäßigen Verlauf des Geschehens. Sie weist eine gewisse Konstanz in der Wirkungsweise der thätigen Kräfte auf. Dieselben Vorgänge, Naturvorgänge wie menschliche Handlungen, pflegen dieselben Wirkungen mit sich zu bringen. Im Hinblick hierauf sind wir im Stande, uns ein Urteil darüber zu bilden, wie der Zustand der Dinge und der Verlauf der Ereignisse sich gestaltet hätte, wenn bestimmte Kausalitäten wirksam geworden wären. Dadurch gelangen wir unter Umständen dazu, in einem Nicht-Geschehen den zureichenden Grund für den thatsächlichen Verlauf und Zustand der Dinge zu erblicken. So schafft die praktische Kausalbetrachtung auf Grund der Erfahrung die Möglichkeit einer Kausalität des Nicht-Geschehens, welche aber erst in den Dienst des Zweckes gestellt und durch die Erwartung geregelt, ihre Ausbildung erhält.

Die Gleichförmigkeit des Verlaufs, welche innerhalb gewisser Grenzen besteht, ist weiter von größter Wichtigkeit für unser Verhalten. Sie ermöglicht es uns, den Gang der Ereignisse in einer unseren Wünschen und Zwecken entsprechenden Weise zu beeinflussen. Der regelmäßige Verlauf des Geschehens spielt daher eine bedeutsame Rolle in dem Entwicklungsprozeß, der unter dem Einfluß der psychologischen und normativen Prinzipien in der praktischen Kausalität sich weiterhin vollzieht.

2. Die psychologischen Kausalprinzipien.

§ 2.

A. Das Zweckprinzip.

Die praktische Kausallehre betrachtet zunächst das Geschehen unter dem rein thatsächlichen Gesichtspunkt des wirklichen Verlaufs. Sie stellt aber weiter die Kausalität unter den psychologischen Gesichtspunkt, indem sie die Art und Weise, wie der Mensch vermöge seiner eigentümlichen Beschaffenheit das Geschehen auffaßt, zur Geltung bringt. Die praktische Kausalbetrachtung fragt nicht: Was wirkt?, sondern: Was wirkt auf uns? und nimmt daher eine subjektivistische Färbung an. Sie verändert den Begriff der Kausalität dahin, daß Kausalität nicht ist, was thatsächlich geschieht, sondern was uns als ein Geschehen erscheint. Sie ersetzt also den Begriff des Wirkens durch den des Auf-uns-wirkens. Kausal ist, was auf uns wirkt. Weil es gleich dem thatsächlichen Geschehen auf uns wirkt, wird es diesem gleichgestellt, als kausal behandelt. Es ist ein psychologisches Gesetz, daß das uns kausal erscheint, was auf uns wirkt, — ein Gesetz, dem wir uns nicht zu entziehen vermögen, und welches seinen letzten Grund in den subjektiven Beziehungen hat, in denen wir zu den Dingen außer uns stehen. Die psychologische Auffassung betrachtet daher als kausal alles, was auf uns wirkt, was auf uns nicht wirkt, dagegen nicht als kausal; auf uns wirkt aber, was körperlich auf uns einwirkt oder uns geistig beeinflußt, weil es unsere Interessen berührt.

So verschiebt sich unter dem Einflusse der psychologischen Auffassung der von der Logik normierte Thatbestand des Geschehens. Es ist daher von Interesse, der Verschiedenheit beider Betrachtungsweisen nachzugehen und zu verfolgen, welche Wirkungen dieselben für den Bestand der Kausalität haben, und wie ihre Grenzen, vom Standpunkt der einen oder der anderen aus gesehen, verlaufen.

Insoweit nun die psychologische Auffassung des Geschehens von der rein objektiven Betrachtung desselben abweicht, wie sie in der Logik zum Ausdruck kommt, müssen die praktische und die logische Kausallehre verschiedene Wege wandeln. Es ist denkbar, daß, was rein objektiv angesehen kausal ist, und was uns als kausal erscheint, nicht miteinander übereinstimmen.

In der That findet nach zwei Richtungen eine solche Abweichung statt. Einerseits ist es möglich, daß ein Wirken, psychologisch betrachtet, für uns kein solches repräsentiert, weil es keinen Einfluß auf uns ausübt, andererseits, daß etwas auf uns wirkt und demgemäß für uns ein Geschehen darstellt, das, thatsächlich betrachtet, den Thatbestand des Wirkens nicht erfüllt. Die psychologische Betrachtungsweise übt daher teils eine den Begriff der Kausalität einschränkende, teils eine denselben erweiternde Funktion aus. Die Erklärung für diese Erscheinung liegt in der subjektivistischen Betrachtungsweise, welche die psychologische Auffassung der Kausalität kennzeichnet, und die dazu führt, auch in dem, was thatsächlich vor sich geht, im letzten Grunde eine Kausalität nur um deswillen zu erblicken, weil dasselbe auf uns wirkt. Von diesem Standpunkt aus ist es nur folgerichtig, daß uns etwas als kausal erscheinen kann, weil es auf uns wirkt, obgleich es, rein thatsächlich angesehen, gar keine Veränderung darstellt. Ist das Auf=uns=wirken entscheidend für die Frage nach dem Vorhandensein von Kausalität, so wird damit der Begriff der Kausalität von dem thatsächlichen Geschehen losgelöst und auf eine psychologische Grundlage gestellt. Darum kann etwas, was thatsächlich kausal ist, uns nicht als solches erscheinen, weil ihm die Wirkung auf uns fehlt, und ebenso vermag umgekehrt etwas, was thatsächlich kein Geschehen ist, für uns doch ein solches zu bedeuten, weil ihm jene psychologische Kausalität zukommt.

In zwei Prinzipien gelangt die psychologische Betrachtungsweise der Kausalität zur Erscheinung: im **Zweckprinzip** und in dem **Prinzip der Erwartung**.

Das höhere und für die Gestaltung der praktischen Kausallehre bedeutsamere von beiden ist das Zweckprinzip, dessen Erörterung daher voranzustellen ist.

Das Geschehen kann unter verschiedene Gesichtspunkte gestellt werden. Zunächst können wir die Kausalität vom Standpunkte der Thatsächlichkeit des Geschehens betrachten. Jeder Vorgang besitzt dann, weil auch er ein Geschehen repräsentiert, die gleiche Be=

deutung wie der andere. Alle Ereignisse erscheinen uns mithin als gleichwertig, und der Lauf der Dinge spielt sich vor uns ab, ohne daß wir ein Werturteil über die Vorgänge, die sich vollziehen, abgeben, und ohne daß wir uns veranlaßt sehen, in den Gang der Ereignisse, ihn regelnd und abändernd, einzugreifen. Wir stehen dann dem Weltlauf wie ein unbeteiligter Zuschauer gegenüber, der kein weitergehendes Interesse an demselben nimmt als das des Beobachtens und Erkennens. Bei einer solchen Stellung zum Geschehen kann die Anwendung der Kategorie von Ursache und Wirkung auf die gegebenen Vorgänge nur den Sinn haben, uns das Geschehen zu erklären, indem wir es in einen gesetzmäßigen Zusammenhang bringen. Das Prinzip der Kausalbetrachtung ist dann lediglich ein erklärendes oder explikatives, — also bloß ein Erkenntnisprinzip.

Diese rein objektive Betrachtung des Geschehens, das gleichgültige Verhalten des Betrachtenden zu demselben, entspricht der indifferenten Stellung, welche die logische Kausallehre als die Kausalbetrachtung des abstrakten Denkens zum Geschehen einnimmt. Sie stellt die folgerichtige Anwendung derselben auf die wirklichen Vorgänge, gleichsam ihre praktische Verwirklichung, dar.

Eine solche Erkenntnisfunktion zu erfüllen, ist in erster Linie die Aufgabe der Kausallehre in allen den Wissenschaften, welche eine rein thatsächliche Betrachtung der Dinge und ihres Verlaufs zum Gegenstand haben, den explikativen, wie die Naturwissenschaften sie darstellen.

Wir können aber auch das Geschehen vom Standpunkte des Zwecks aus betrachten, dasselbe also unter den teleologischen Gesichtspunkt stellen, und dann erhalten wir durch denselben einen Wertmaßstab für die Kausalität. Alles Geschehen erscheint nun nicht mehr als gleichwertig, sondern wir bemessen die Bedeutung desselben unter dem Gesichtspunkte des Zwecks und bewerten es verschieden, je nachdem es einem bestimmten Zwecke mehr oder weniger entspricht oder demselben widerspricht. Die Werte, welche unter dem Einfluß des Zweckprinzips entstehen, tragen daher auch einen anderen Charakter an sich als die Werte, welche die praktische Kausallehre bei der rein thatsächlichen Betrachtung der Kausalität kennt; sie sind nicht Erfahrungswerte, sondern Zweckwerte.

Der Zweckmoment bringt nun vor allem die Unterscheidung des Wesentlichen und Unwesentlichen in die Kausallehre hinein. Da das Geschehen, welches im Hinblick auf den zu realisierenden Zweck unwesentlich ist, der Bedeutung für denselben entbehrt, seinem Wert nach somit gleich Null zu setzen ist, so wird durch das Zweckprinzip eine Einschränkung der Kausalität bewirkt. Unzählige Vorgänge, die sich in der Natur und Geisteswelt abspielen, sind, psychologisch betrachtet, gar kein Geschehen, weil sie, nicht das geringste Interesse für uns besitzend, auch nicht auf uns wirken. Weil für unsere Zwecke und Interessen gleichgültig, stellen sie keine Veränderung dar. Wir wissen sehr wohl, daß sie vom Standpunkt rein objektiver Erkenntnis ein Geschehen in sich verkörpern; da sie indessen unsere Gedanken, Empfindungen und Entschlüsse nicht berühren, so repräsentieren sie, psychologisch angesehen, kein Geschehen. Weil sie keine Veränderung des uns interessierenden Zustandes der Dinge in sich schließen, bedeuten sie für uns auch keine Veränderung. Für die vom Zweck beherrschte Kausalität fallen Geschehen und wesentliches Geschehen, Veränderung und wesentliche Veränderung zusammen, denn der unerhebliche Vorgang verändert den teleologisch betrachteten Verlauf der Dinge ebensowenig wie das Fehlen einer Veränderung überhaupt. Während im Naturkausalismus ein jedes Geschehen den Thatbestand der Veränderung erfüllt, verwandelt sich unter dem Einflusse des Zweckprinzips der Begriff der Veränderung in den der wesentlichen Veränderung. So stellt beispielsweise das sittlich und rechtlich indifferente Verhalten für die Ethik und das Recht, weil ihr Interessengebiet nicht berührend, gar kein Geschehen dar.

Da alles menschliche Thun von Zwecken geleitet wird, so ist die Zweckkausalität die Kausalität des Menschen schlechthin; wo derselbe thätig wird, im täglichen Leben, auf dem Gebiet der Technik, des Verkehrs, — überall handelt er im Hinblick auf bestimmte Zwecke und ist bestrebt, den Gang der Ereignisse seinen Wünschen entsprechend zu gestalten, neue Ursachen setzend und den Verlauf der wirkenden regelnd. Für die menschlichen Handlungen gilt der Satz, daß aller Kausalzusammenhang auch Zweckzusammenhang ist.

Wo die Betrachtung der Kausalität unter dem Zeichen des

Zweckes steht, verhält sich der Mensch dem Geschehen gegenüber nicht als uninteressierter Zuschauer, wie bei der bloß thatsächlichen Betrachtung derselben, sondern, wie er einerseits bemüht ist, das künftige Geschehen seinem Zwecke gemäß zu gestalten, so unterwirft er anderseits alles Geschehen einem durch seine Zwecke bestimmten Werturteil. Nach diesem Maßstab bemißt er die Bedeutung des Geschehens, und wo er das Verhältnis von Ursache und Wirkung zur Anwendung bringt, geschieht es nicht zum Zwecke der Erklärung, sondern zu dem der Beurteilung. Der Historiker geht den Motiven eines Staatsmannes bei einer politischen Aktion nach, um ein Urteil über seine Persönlichkeit zu gewinnen; der Volkswirt forscht nach der Ursache wirtschaftlicher Mißstände, um danach die Zweckmäßigkeit der zu ihrer Beseitigung gemachten Vorschläge beurteilen zu können; der Staatsmann prüft die Wirkungen eines Bündnisvertrages, um festzustellen, ob die Erneuerung desselben im Interesse seines Staates liegt.

Auch die Kausalität im Recht weist alle Merkmale der Zweckkausalität auf. Gleich dieser besitzt sie einen Januskopf, dessen eine Seite der Vergangenheit, die andere der Zukunft zugekehrt ist. Das Recht ist einerseits bestrebt, das künftige Geschehen den Rechtszwecken gemäß zu gestalten, andererseits beurteilt es nach dem Wertmaßstab dieser Zwecke die Bedeutung alles Geschehens. Jedes Gesetz, das erlassen wird, will gewisse Rechtswirkungen hervorrufen, den Lauf der Dinge in bestimmte Bahnen lenken, und zugleich stellt es einen Wertmaßstab dar, nach welchem das Geschehen beurteilt wird. Wo im Recht das Verhältnis von Ursache und Wirkung in Betracht gezogen wird, wie bei der Feststellung der Thäterschaft einer Person, geschieht das nicht zum Zwecke bloßer Erklärung des Vorgefallenen, sondern zu dem der Beurteilung eines Verhaltens.

Der teleologische Gesichtspunkt in der Kausalbetrachtung bewirkt ferner eine Differenzierung innerhalb des Gebiets der Kausalität. Führt schon die thatsächliche Betrachtung in der praktischen Kausallehre dazu, den Gegensatz von mechanischer und geistiger Kausalität anzuerkennen, so bedeutet die Aufnahme des Zweckmomentes in die Kausallehre einen weiteren Schritt in dieser

Richtung, indem sie zur Entstehung weiterer Kausalitätsgebiete führt. Da die teleologische Betrachtung je nach der Verschiedenheit der in Frage kommenden Zwecke sich anders gestaltet, so erhellt daraus, daß es so viele Kausalgebiete gibt, als verschiedene Zweckgesichtspunkte möglich sind. Für die eine Zweckbetrachtung erscheint etwas als wesentlich, was vielleicht für eine andere Art derselben völlig unerheblich ist, in diesem Sinne also gar kein Geschehen darstellt. Da die Frage, was wesentlich ist, und die nach dem Maße seiner Bedeutung, je nach dem in Betracht kommenden Zwecke, verschieden zu beantworten ist, so muß es vom Standpunkt der teleologischen Auffassung aus auch so viele Kausalgebiete geben, als Arten der Zweckbetrachtung der Dinge und ihres Verlaufs denkbar sind. Hierin liegt der Grund, weshalb eine besondere Gestaltung der Kausalität sowohl im Recht wie in der Religion, der Ethik, der Volkswirtschaft u. s. w. besteht, während die rein thatsächliche Betrachtung der Kausalität, weil der Gesichtspunkt hier stets der gleiche bleibt, immer nur zu einer Erscheinungsform derselben, dem Naturkausalismus, gelangt.

Auch in ein sonst dem Naturkausalismus vorbehaltenen Herrschaftsgebiet, in die Kausallehre der Naturwissenschaften, bringt der Zweckgesichtspunkt ein, insoweit hier neben der rein thatsächlichen auch die teleologische Auffassung des Geschehens eine Rolle spielt. So betrachten die angewandten medizinischen Wissenschaften, welche, wie die klinischen, gewisse Heilerfolge erstreben, deren Kausallehre mithin unter der Herrschaft des Zweckes steht, manche Vorgänge als gar keine Veränderung, weil sie den Heilungsprozeß weder fördern noch hemmen, also für den vorliegenden Zweck unwesentlich sind, während vom Standpunkt physikalischer oder chemischer Auffassung aus an dem Vorhandensein einer solchen kein Zweifel besteht.

Wie auf die Bestimmung dessen, was kausal ist, so wirkt das Zweckprinzip auch auf die Beschaffenheit der einzelnen Elemente des Kausalverhältnisses ein und gestaltet dieselben um. Unter seinem Einflusse verwandelt sich zunächst der Begriff der Wirkung in den der wesentlichen Wirkung. Wirkung ist nur die Veränderung, welche innerhalb des durch den Zweck bestimmten Interessenkreises vor sich geht. Alle Veränderungen, die außerhalb desselben liegen, erscheinen überhaupt nicht als Wirkung. Sie entbehren der Kausalität, weil sie für den vorliegenden Zweck, seine Verwirklichung weder begünstigend noch hindernd, irrelevant sind. So auch im Recht. Als Wirkungen erkennt das Recht nur solche an, welche an den für die Zwecke des Rechts wertvollen und deshalb von ihm geschützten Objekten, den Rechtsgütern, sich vollziehen. Nur so weit sind Veränderungen im Rechtssinne ein Geschehen, als sie rechtlich bedeutsame Veränderungen darstellen.

Ebenso wirkt das Zweckmoment auf den Begriff der Ursache ein. Ursache ist bloß diejenige Kausalität, deren Wirksamkeit dem Zwecke zu entsprechen oder aber demselben zu widersprechen im Stande ist. Das gilt insbesondere auch für die Kausalität im Recht. Ursache im Rechtssinne ist nur der freie menschliche Wille, also der Wille eines Zurechnungsfähigen, weil er allein eine für das Recht wertvolle Kausalität darstellt. Er ist die einzige Kausalität, welche das Recht durch seine Vorschriften zu beherrschen und in bestimmte Bahnen zu lenken vermag. Somit ist er die einzige Kausalität, welche sich der Gesetzmäßigkeit des Rechts fügt, indem sie seine Anforderungen zu erfüllen im Stande ist, und deren Wirksamkeit daher auch, wenn sie den Rechtszwecken widerspricht, allein eine Verantwortlichkeit begründen kann. Alle anderen Ursachen dagegen sind, weil sie der Herrschaft des Rechts sich nicht fügen und somit vom Standpunkt desselben als gesetzlose erscheinen, im Rechtssinne Zufall, so Naturereignisse, Thaten eines Unzurechnungsfähigen, Willensäußerungen von Tieren u. s. w.

Freilich kann sich das Recht nicht der Erkenntnis verschließen, daß neben dem freien Willen auch jene andere Kausalitäten bestehen und ihre Wirksamkeit in die Sphäre des Rechts hineingreift, oft sogar in einer die Rechtswelt empfindlich schädigenden Weise. Mit Rücksicht hierauf sieht sich das Recht genötigt, in gewissem Umfang auch ihnen die Eigenschaft von Ursachen zuzugestehen und an ihre Wirksamkeit Wirkungen zu knüpfen, wie z. B. die Rechtsfolge des Schadensersatzes. Das Ideal des Rechts wäre der freie menschliche Wille als allein wirkende Kraft. Dann wäre alle Kausalität seiner Herrschaft unterworfen und der Zufall als Ursache aus dem Reiche des Rechts verbannt. Die Macht der Thatsachen ist aber größer als die des Rechts, und es muß sich daher derselben fügen. Das Recht macht aus der Not eine Tugend und räumt im Hinblick auf ihre thatsächliche Wirksamkeit jenen Kausalitäten die Stellung von Ursachen ein. Die einzige vollwertige Ursache bleibt indessen für das Recht der freie Wille des Menschen, weil es durch ihn allein seine Zwecke zu verwirklichen vermag.

Aus der Herrschaft des Zweckprinzipes erklärt sich auch die bekannte Erscheinung, daß man je nach dem eingenommenen Standpunkt unter den Bedingungen eines Ereignisses bald die eine, bald die andere als Ursache herausheben und den übrigen Bedingungen gegenüberstellen kann. Man pflegt dieses Verfahren als ein rein willkürliches aufzufassen, während es doch gemäß dem Zweckprinzip ein sachlich begründetes darstellt. Von dem in Betracht kommenden Zwecke aus gesehen, ist die Auffassung einer bestimmten Bedingung als Ursache nichts Willkürliches, sondern etwas Notwendiges, das gar nicht anders sein kann, weil der Zweckgesichtspunkt es so verlangt. Begründet das Zweckprinzip die Berechtigung einer Anerkennung verschiedener durch den Zweck bestimmter und umgrenzter Kausalgebiete, so ist auch jedes Lebens- und Wissensgebiet dazu legitimiert, zu bestimmen, welcher Kausalität es im Hinblick auf den zu realisierenden Zweck kausale Kraft beilegen will, mithin unter den Bedingungen eines Ereignisses die auf den vorliegenden Zweck in Betracht kommende zur Ursache zu erheben.

Dieser Gesichtspunkt berechtigt z. B. den Mediziner, die Bazillen als die Ursache bestimmter Krankheiten, als „Krankheitserreger", aufzufassen und den sonstigen Bedingungen der Krankheit gegenüberzustellen. Er berechtigt ferner auf dem Rechtsgebiet den Gesetzgeber, analog vorzugehen und beispielsweise bei den Betriebsunfällen gewisse Gruppen von Kausalitäten als Ursachen zu behandeln[1].

---

[1] Rosin, Das Recht der Arbeiterversicherung, I, Berlin 1893, S. 272: „Die Frage des Kausalzusammenhangs im Rechtssinne ist .. zugleich eine Frage der gesetzgeberischen Absicht." S. 273: „Die Frage nach der Ursachenqualität einer Bedingung löst sich in die andere auf: unter welchen Umständen mißt der Gesetzgeber jener einzelnen Bedingung unter allen eine derartige Wichtigkeit bei, daß er um ihretwillen an den thatsächlichen Erfolg die nach der speziellen Gesetzesbestimmung interessierende Rechtsfolge knüpft?"

Wie darüber, was Ursache und Wirkung ist, so bestimmt der Zweck auch die Gestaltung des kausalen Zusammenhangs zwischen beiden. Zwischen Ursache und Wirkung knüpft der Zweck unmittelbar das kausale Band, alle dazwischen liegenden Vorgänge werden gleichsam übersprungen. So sind auch im Rechte die Handlungen und ihre Wirkungen unmittelbar miteinander verbunden, z. B. das Abfeuern des Schusses und der eingetretene tödliche Erfolg. Alle dazwischenliegenden Mittelglieder, das Fliegen der Kugel durch die Luft, die Veränderungen, welche ihr Eindringen in den Körper hervorruft u. s. w., kommen in der Rechtskausalität als unwesentliche nicht in Betracht, sie werden ausgeschaltet, und unmittelbar spannt sich das Kausalverhältnis von der schuldhaften Handlung zum rechtswidrigen Erfolg.

Sind auf diese Weise Ursache und Wirkung näher aneinandergerückt, als der thatsächlichen Sachlage entspricht, so bewirkt die Zweckbetrachtung zugleich, daß sie aus ihrem Zusammenhang mit dem Verlauf der Dinge gelöst und zu einer selbständigen kausalen Einheit erhoben werden. Die menschliche Handlung beispielsweise stellt mit ihrer Wirkung zusammen eine solche abgeschlossene Einheit dar. Sie wird so behandelt, als hätte sie keine Vorgeschichte, und als folgte ihr kein Nachspiel. Mit der Handlung beginnt die Kausalreihe, und mit ihrer Wirkung schließt dieselbe. Alles Vorausgehende und Nachfolgende bleibt außer Betracht, weil es im Hinblick auf den vorliegenden Zweck gleichgültig ist.

Das Zweckprinzip übt indessen nicht allein eine die Kausalität einschränkende und die Elemente des Kausalverhältnisses näher bestimmende Wirksamkeit aus. Sein Einfluß erstreckt sich auch über diesen Rahmen hinaus. Es gewinnt der praktischen Kausalität neue Gebiete, welche die rein thatsächliche Betrachtung derselben nicht kennt. Und diese die Kausalität erweiternde Funktion des Zweckprinzips ist sogar von weit größerer Bedeutung und Tragweite als jene andere. Das Zweckprinzip schafft die Kausalität des **Möglichen** neben der des **Wirklichen**, und es begründet ferner die Kausalität des **Nichtgeschehens** neben der des **Geschehens**.

Wir nehmen nicht nur ein Interesse an den Vorgängen, die sich vollzogen haben oder noch vollziehen, sondern auch an den künftigen, die unsere Zwecke und Wünsche günstig oder ungünstig beeinflussen können. Deshalb wirkt auch das Mögliche schon auf uns ein und vermag unser Verhalten zu bestimmen, es offenbart also ursächliche Kraft insbesondere in Gestalt der schädlichen Möglichkeit, wie sie im Begriff der Gefahr zum Ausdrucke kommt.

Ebenso haftet unser Interesse nicht nur an dem Eintritt von Ereignissen, sondern gleichermaßen an dem Ausbleiben solcher. Nicht eintretende Ereignisse können unser Interesse ganz ebenso berühren wie eintretende, und deshalb werden sie in den Rahmen der Kausalität einbezogen. So legt das Zweckprinzip den Grund zu der Kausalität des Nichtgeschehens.

Aber freilich, das Zweckprinzip bereitet gleichsam nur die Kausalität des Möglichen und des Nichtgeschehens vor, es ebnet ihrer Anerkennung die Wege, der entscheidende Schritt erfolgt erst unter dem Einfluß eines anderen Prinzips, — des Prinzips der Erwartung.

§ 3.
B. Das Prinzip der Erwartung.

Das Prinzip der Erwartung ist nicht ein Prinzip der rein objektiven Betrachtung des Geschehens, sondern hat seinen Ursprung in der subjektiven Beschaffenheit des die Kausalität betrachtenden und über sie reflektierenden Menschen. Gleich dem Zweckprinzip ist es ein psychologisches Kausalprinzip. Seine Grundlage, das Erwarten, ist eine Funktion unseres inneren Lebens, ebenso elementarer Natur wie das Wünschen und Wollen. Jeder Mensch gibt sich Erwartungen hin, wie er Wünsche hegt und Willensentschlüsse faßt[1]).

Als Richtschnur ihres Verhaltens dient der Erwartung die Erfahrung. Auf Grund unserer Erfahrung vermögen wir uns ein Bild des künftigen Geschehens zu machen. Wir kennen die Wirkungs=

---

[1]) „Die fortwährende Gegenwart der Vorstellung der Zukunft in unserem Geiste ist seltsamerweise nie beachtet worden, aber es ist eine Thatsache, daß in jedem beliebigen Augenblick der Zustand der Erwartung einen Bestandteil unseres Bewußtseins bildet." James, Der Wille zum Glauben. Deutsche Übersetzung von Lorenz, Stuttgart 1899, S. 84.

weise der in Natur und Geisteswelt wirksamen Kräfte und unter der erkenntnistheoretischen Voraussetzung einer Konstanz ihres Wesens und der sie beherrschenden Gesetze sind wir im Stande, den künftigen Verlauf der Dinge innerhalb gewisser Grenzen vorauszusehen. Auf Grund unserer bisherigen Erfahrung erwarten wir eine dieser entsprechende Gestaltung des Geschehens.

Nach zwei Richtungen wirkt nun die Erwartung auf uns ein: Sie beeinflußt unsere Vorstellung von dem Zustande der Dinge und unsere Auffassung von dem Verlauf derselben.

Das Prinzip der Erwartung bewirkt zunächst, daß das zu Erwartende in kausaler Beziehung dem thatsächlich Vorhandenen gleichgestellt wird. Das Künftige ist für unsere Interessen nicht weniger bedeutsam, sie fördernd oder schädigend, wie das Gegenwärtige, und deshalb wirkt dasselbe im Rahmen der Erwartung wie dieses auf uns ein, unser Denken, Fühlen und Wollen beeinflussend. Überall ziehen wir kommende Ereignisse in Rechnung und beurteilen nach ihnen eine Sachlage. Jedermann berücksichtigt ihm günstige oder ungünstige zu erwartende Ereignisse und richtet sein Verhalten danach ein, der Staatsmann, der Feldherr, nicht minder wie der Arzt, der Kaufmann, der Techniker u. s. w. Jeder Staatsmann zieht bei Beurteilung der politischen Sachlage nicht nur die vorhandenen Umstände, sondern auch die zu erwartenden Konstellationen in Rechnung und bestimmt hiernach sein Verhalten; ebenso nimmt der Feldherr bei Feststellung der strategischen Situation Rücksicht nicht bloß auf den augenblicklichen Stand der militärischen Operationen, sondern auch auf die zu erwartenden Verschiebungen in den militärischen Verhältnissen zu seinen Gunsten oder Ungunsten. Der Arzt erwägt bei Beurteilung des Zustandes des Patienten sowohl die momentane Sachlage als auch die naheliegenden Komplikationen. Der Kaufmann zieht bei Beurteilung der Lage des Marktes nicht nur die vorhandene Nachfrage, sondern auch die vorauszusehende Steigerung derselben in Betracht und bestimmt demgemäß den Preis seiner Waren. Weil das zu Erwartende ebenso auf uns wirkt wie das Wirkliche, stellt es sich der praktischen Weltbetrachtung gleichfalls als etwas Wirkliches dar. Es ist wirklich, weil es zu wirken vermag, mit den vorhandenen Dingen also die kausale Kraft teilt, vielleicht nicht etwas Wirkliches im engeren Sinne, wohl aber in einem weiteren Sinne. Es wird selbst zu einem Bestandteil der Welt, wie dieselbe vom Standpunkt unserer Kenntnis über ihren künftigen Verlauf und unter dem Gesichts= punkt unserer Interessen betrachtet, sich uns darstellt, — ein Element der Wirklichkeit selbst, deren Verhältnisse die Grundlage für seine Entstehung bilden.

Logisch angesehen ist das zu Erwartende nicht etwas Wirkliches, sondern nur etwas Mögliches. Es stellt die durch die Erfahrung näher umgrenzte Möglichkeit dar, also etwas Künftiges, dessen Eintritt mehr oder weniger wahrscheinlich ist. Für die psychologische Auffassung hingegen, wie sie der praktischen Kausalität eigen ist, bedeutet das zu Erwartende eine Realität, nicht etwas nur Zu= künftiges, sondern etwas schon Gegenwärtiges.

In letzter Linie liegt der Grund dieser Erscheinung — die Wirklichkeit des zu Erwartenden — in unserer subjektiven Stellung= nahme zur Kausalbetrachtung. Weil wir die Dinge und ihren Zustand vom Standpunkte unserer Zwecke und Interessen aus be= trachten und beurteilen und wie das Gegenwärtige auch das Zu= künftige unser Interesse berührt, erkennen wir demselben innerhalb des Rahmens der Erwartung Realität zu.

Wie wir den Zustand der Dinge nach dem zu Erwartenden bemessen, so beurteilen wir auch die Dinge selbst nach diesem Maß= stab und betrachten das zu Erwartende ebenso als einen Bestand= teil derselben wie das Vorhandene. Bei der Feststellung eines Vermögens z. B. ziehen wir nicht bloß die vorhandenen Vermögens= stücke, sondern auch die ausstehenden Forderungen, die zu erwartenden Eingänge in Betracht. Ebenso bemißt sich das Vermögen des Staates nicht allein nach den vorhandenen Werten an Mobilien und Immobilien, sondern auch nach dem zu erwartenden Ertrag der Steuern. Die Wehrkraft des Reiches wird bestimmt nicht nur nach der Präsenzstärke der unter der Fahne befindlichen Mann= schaften, sondern auch nach der Zahl der alljährlich Einzuberufenden und der Größe der Reserven, auf die es rechnen darf.

Überall werden hier die zu erwartenden Bestandteile eines Objekts bereits als Bestandteile desselben wie die schon vorhandenen angesehen und bei der Bemessung seiner Größe in Betracht gezogen. Unsere Vorstellung von den Dingen und ihren Zuständen schließt also das zu Erwartende mit ein.

Wenn nun das zu Erwartende einen Bestandteil der Dinge und des Zustandes derselben darstellt, mithin die Eigenschaft eines Wirklichen besitzt, so ergibt sich daraus in kausaler Beziehung, daß es eine Veränderung der Sachlage bedeutet, wenn etwas zu erwarten ist, was bisher nicht erwartet werden konnte, oder umgekehrt etwas nicht mehr zu erwarten ist, was bisher zu erwarten war.

Der Eintritt eines Zustandes, in welchem etwas erwartet werden kann und ebenso das Aufhören eines solchen repräsentieren daher gleichfalls eine Veränderung, wie Eintritt und Fortfall eines thatsächlichen Zustandes.

Wenn beispielsweise die bisherigen Eingänge an Steuern einen erheblichen Überschuß gegen das Vorjahr erwarten lassen, so wird jeder Finanzminister hierin eine Besserung der Finanzlage erblicken und gewiß nicht verfehlen, bei Angriffen auf seine Geschäftsführung in den Kammern sie der Opposition entgegenzuhalten. Und ebenso wird er umgekehrt, wenn infolge eines eingetretenen wirtschaftlichen Niederganges ein erhebliches Sinken der Einnahmen zu besorgen ist, eine Veränderung der Finanzlage zu ihrem Nachteil konstatieren.

Und wie im großen der Finanzminister so im kleinen der Privatmann, der als diligens pater familias die Feststellung der zu erwartenden Einnahmen und Ausgaben für seinen Haushalt vornimmt und vielleicht dabei die unerfreuliche Entdeckung macht, daß das Verhältnis der vorauszusehenden Einnahmen und Ausgaben im Vergleich zum Vorjahre ein ungünstiges geworden ist.

Das Erwartungsprinzip hat also zur Folge, daß bereits der Eintritt eines Zustandes, in welchem ein Ereignis zu erwarten ist, nicht erst sein wirkliches Eintreten eine Veränderung darstellt. Der Umstand, daß etwas erwartet werden kann, bedeutet nun gleichfalls eine Veränderung der Sachlage. So erfährt der Begriff der Veränderung unter dem Einfluß des Erwartungsprinzips eine Erweiterung durch Einbeziehung des zu Erwartenden, und Veränderung ist nun nicht nur die thatsächliche Veränderung, sondern auch schon die zu erwartende. Auf den Begriff der Wirkung übertragen: Wirkung ist nicht bloß die thatsächlich erfolgte Wirkung, sondern auch die zu erwartende stellt bereits eine solche dar.

Wenn nun aber das zu Erwartende als Wirkung aufgefaßt werden kann, dasselbe also überhaupt eine Veränderung bedeutet, so folgt daraus, daß es sich auch als Ursache darstellen kann. Vermag das zu Erwartende Wirkung zu sein, so muß es auch Ursache sein können. So erweitert sich der Begriff der Ursache von dem thatsächlichen Wirken einer Kausalität auf das zu erwartende Wirken eines solchen. Eine Ursache liegt nicht nur vor, wenn eine Kausalität bereits thatsächlich wirksam ist, sondern auch schon dann, wenn ihr Wirksamwerden zu erwarten ist. So setzt z. B. der Thäter die Ursache nicht nur, wenn er dem Kranken das Gift einflößt, sondern auch schon dann, wenn er dasselbe hinstellt, in der Erwartung, der Patient werde es als angebliche Arznei einnehmen. Wer ein Kind in Tötungsabsicht aussetzt, hat die Tötungsursache bereits gesetzt, wenn er dasselbe auf eine einsame Insel oder in das Waldesdickicht gebracht hat und es den Naturkräften überläßt, das übrige zu thun. Die gleiche Wertschätzung der thatsächlich wirkenden Kausalität und der zu erwartenden zeigt sich auch bei der Gestaltung der Rechtsbegriffe. So zunächst bei der Notwehr. Der gegenwärtige Angriff, gegen welchen sich die Verteidigung richtet, umfaßt nicht nur den begonnenen thatsächlichen Angriff, sondern auch schon den unmittelbar bevorstehenden. Ebenso werden bei den Verbrechen, bei denen die Gewalt als Thatbestandsmerkmal erscheint, thatsächliche Gewalt und Drohung als Mittel der Begehung gleich bewertet. So ist bei der Nötigung der Gewalt gleichgestellt die Drohung, sofern sie ernstlich ist oder erscheint, mithin ihre Verwirklichung erwarten läßt; desgleichen wird bei Raub und Notzucht mit der Gewaltanwendung auf eine Stufe gestellt die Drohung mit gegenwärtiger Gefahr, also die Drohung, deren Ausführung unmittelbar bevorstehend erscheint. Die Drohung, welche ihre Verwirklichung erwarten läßt, gestaltet sich also zu einer bereits vorliegenden Kausalität.

Von besonderer Bedeutung ist der Einfluß des Erwartungsprinzips für die Ausbildung des Begriffes der Gefahr.

Gefahr ist zunächst die Möglichkeit eines schädlichen Ereignisses. Das ist die Begriffsbestimmung, welche der logischen Auffassung der Gefahr entspricht. In diesem Sinne reden wir von einer Ansteckungsgefahr, der Gefahr einer Schiffskollision bei Nebel u. s. w. und haben damit einen Zustand vor Augen, in welchem der Eintritt eines nachteiligen Ereignisses mehr oder minder möglich erscheint.

Dem logischen Begriff der Gefahr steht in der praktischen Kausallehre der ontologische oder reale Begriff derselben gegenüber, der an das Wirken anknüpft und für die praktische Kausalbetrachtung der typische und grundlegende ist. Der Gefahr als einer Möglichkeit stellt sich damit zugleich die Gefahr als Wirklichkeit zu Seite.

Gefahren im realen Sinn sind nun zunächst Kausalitäten, von denen eine unseren Interessen nachteilige Wirksamkeit ausgeht oder ausgehen kann, also schädliche Kausalitäten. So, wenn wir von politischen, sozialen oder nationalen Gefahren, von Betriebsgefahren u. s. w. reden, oder wenn der Bergsteiger von den Gefahren der Eiswelt, von Lawinen und Steinschlaggefahr spricht u. s. w.

Der Begriff der Gefahr wird weiter bezogen von der Quelle der Wirksamkeit auf diese selbst. Gefahr ist dann das Wirken einer schädlichen Kausalität. So bezeichnen wir das unsinnig schnelle Fahren der Automobile als eine Gefahr für die Sicherheit des Verkehrs, der übermäßige Alkoholgenuß wird als eine Gefahr für die Gesundheit angesehen, die regelwidrige Behandlung, welche der Kurpfuscher beim Kranken anwendet, erscheint als eine Gefahr für Leben und Gesundheit desselben.

Die Kausalität schaffende Kraft der Erwartung zeigt sich auch hier darin, daß dem thatsächlichen Wirken das zu erwartende einer solchen Kausalität gleichgestellt wird. So bezeichnen wir beispielsweise das Stehenlassen eines geladenen Gewehrs oder einer Weinflasche, in der sich eine gesundheitsschädliche Flüssigkeit befindet, unter Umständen, unter denen ein Mißbrauch zu befürchten ist, als eine Gefahr.

Der Gefahrbegriff wird endlich übertragen auf die Wirkung einer solchen Kausalität, also auf den Zustand, den sie hervorruft. Gefahr ist dann der Zustand, in welchem ein schädlicher

Erfolg erwartet werden kann, weil eine schädliche Kausalität wirkt oder ihr Wirken zu erwarten ist. Dieser Zustand pflegt als Gefährdung bezeichnet zu werden, und er ist es, der bei der Verwendung des Gefahrbegriffs im Strafrecht die wichtigste Rolle spielt, wie namentlich beim Gefährdungsverbrechen und beim Versuch.

Eine solche Gefährdung liegt zunächst vor, wenn eine Kausalität bereits thatsächlich in der Richtung auf einen schädlichen Erfolg wirksam ist (sogenannte konkrete Gefahr). Sie ist aber vermöge des Einflusses der Erwartung auch dann gegeben, wenn das Wirken einer solchen Kausalität zu erwarten steht. So wird z. B. bei der Nötigung und dem Raub die Freiheit der Willensentschließung gefährdet wie durch die Gewaltanwendung so durch die Drohung, welche ihre Verwirklichung erwarten läßt.

In der Gefährdung erblickt die praktische Kausalauffassung bereits eine Wirkung, eine Veränderung in den Zuständen der Dinge. Im Einklang hiermit betrachtet auch das Recht die Herbeiführung einer Gefahr als eine Änderung in den Zuständen der Rechtsgüter, eine Schädigung nicht so schwerwiegender Art wie ihre Verletzung, aber doch eine Schädigung, und deshalb straft es dieselbe in weitem Umfang, sei es als Einzelgefährdung, wie bei Aussetzung und Zweikampf, sei es als Gemeingefährdung, wie bei der Brandstiftung, der Eisenbahngefährdung u. s. w.

Logisch angesehen bedeutet die Gefährdung bloß eine Möglichkeit; für die praktische Kausalauffassung ist sie mehr, eine Wirklichkeit. Sie ist etwas Wirkliches, weil sie als ein Zustand der Erwartung auf uns wirkt, und weil die psychologische Wirksamkeit derselben in den realen Verhältnissen ihren zureichenden Grund findet.

Der Einfluß, den das Erwartungsprinzip auf die Beurteilung der Dinge und ihres Zustandes ausübt, läßt sich dahin zusammenfassen, daß dasselbe für die praktische Kausalauffassung der Wirklichkeit ein neues Element, eine Gestalt des zu Erwartenden einfügt und damit dem Reiche der Kausalität ein neues Gebiet gewinnt. In ähnlicher Weise wirkt es nun auch auf den Verlauf der Dinge ein, unsere Auffassung von seiner Gestaltung und von der Kausalität des wirklich Geschehenden beeinflussend.

Wie wir die Dinge unter dem Gesichtspunkt der Erwartung betrachten, so auch den Verlauf derselben. Und wie der Begriff der Zustände der Dinge sich von den thatsächlichen um die zu erwartenden erweitert, so wird auch der Begriff des Verlaufs von dem thatsächlichen ausgedehnt auf den zu erwartenden Verlauf. Für die praktische Kausalbetrachtung wird der zu erwartende Verlauf selbst zu einem Bestandteil der Wirklichkeit. Das Bild der Welt erscheint uns nicht vollständig, wenn es nicht auch den zu erwartenden Verlauf der Dinge und der sich abspielenden einzelnen Ereignisse mit umfaßt. So gestaltet sich der zu erwartende Verlauf zu einem selbständigen Objekt und wird als solches der Veränderung fähig.

Die Erwartung bildet nun einen Maßstab, den wir an den Verlauf anlegen, um festzustellen, ob eine Veränderung desselben erfolgt ist. Wir beurteilen die Vorgänge verschieden, je nachdem sie erwartet waren oder nicht, und diese verschiedene Bewertung wirkt ihrerseits zurück auf unsere Anschauung darüber, ob eine Veränderung vorliegt. Nicht mehr die thatsächliche Veränderung des bisherigen Verlaufs erscheint uns als Veränderung, sondern nur dann liegt eine solche vor, wenn der zu erwartende Verlauf sich anders gestaltet, wenn also der wirkliche Verlauf abweicht von dem zu erwartenden. Unter dem Einfluß der Erwartung wird mithin der Begriff der Veränderung des Verlaufs dahin umgewandelt, daß Veränderung desselben nicht ist ein anders Werden seiner thatsächlichen Gestaltung, sondern eine Veränderung seiner zu erwartenden Gestalt.

Das zeigt sich vor allem in der Auffassung der kausalen Bedeutung des Eintritts erwarteter Ereignisse. Weil dieselben bereits von dem Zeitpunkt ab, wo sie erwartet werden können, von uns in Rechnung gezogen worden sind, so pflegt infolgedessen, psychologisch betrachtet, ihre Wirksamkeit herabgesetzt zu sein. Ja es läßt sich die interessante Erscheinung beobachten, daß unter Umständen die Wirkung des zu Erwartenden eine viel intensivere sein kann als die des eingetretenen Ereignisses selbst, indem seine Wirksamkeit durch jenes gleichsam bereits vorweggenommen ist. Weil das Ereignis durch die Erwartung schon seine Schatten vorausgeworfen hat, so äußert es bei seinem Eintreten nur geringe oder gar keine Wirkung. So z. B., wenn der Börsenbericht meldet, daß die Diskonto-Erhöhung der Reichsbank, weil bereits erwartet, auf die Lage des Geldmarktes ohne Einfluß geblieben ist. Die Wirkung, welche das Ereignis selbst hätte ausüben können, hat die Erwartung schon ausgeübt, die Geschäftswelt hatte sich bereits auf das Kommende eingerichtet, und darum beeinflußt der thatsächliche Eintritt der Erhöhung den Verlauf der Börse nicht.

Ein erwartetes Ereignis hat also bei seinem Eintreten seine Kausalität mehr oder weniger eingebüßt und repräsentiert deshalb für die psychologische Auffassung keine Veränderung oder wenigstens keine wesentliche Veränderung. Der Verlauf des Geschehens hat sich der Erwartung entsprechend gestaltet, er ist kein anderer geworden, als erwartet wurde. Der thatsächliche Eintritt des erwarteten Ereignisses bedeutet daher nicht eine Änderung des Verlaufs, sondern stellt vielmehr nur die Verwirklichung desselben in seiner von der Erwartung voraus bestimmten Gestalt dar.

Weit umfassender ist indessen die Wirksamkeit des Erwartungsprinzips gegenüber einem der Erwartung nicht entsprechenden Verlauf: Bedeutet das erwartete Ereignis keine Veränderung des Verlaufs des Geschehens, so steht es mit dieser Anschauung nur im Einklang, wenn umgekehrt das Unerwartete eine Veränderung der Sachlage in sich schließt.

Das gilt zunächst vom Eintritt unerwarteter Ereignisse. Wenn ein Ereignis vor sich geht, welches nicht oder wenigstens nicht zu dieser Zeit, oder aber in anderer Weise, erwartet wurde, so bedeutet das eine Veränderung der Sachlage. So stellt sich z. B. der nicht voraussehbare Zusammenbruch eines angesehenen Bankhauses als eine vielleicht äußerst folgenschwere Veränderung dar, welche viele Geschäftsleute und Private in Mitleidenschaft zieht. Nicht daß der Zusammenbruch thatsächlich erfolgte, sondern daß er ganz unerwartet stattfand, verschafft ihm seine verderbliche kausale Wirksamkeit. Ebenso beeinflußt die der Geschäftswelt ganz überraschend kommende oder erst für einen späteren Zeitpunkt erwartete Erhöhung des Diskontes seitens der Reichsbank die Lage des Geldmarkts. Hier wie dort nimmt die psychologische Kausalauffassung nicht deshalb ein Geschehen an, weil thatsächlich ein Vorgang sich vollzog, sondern weil der Verlauf der Dinge ein anderer geworden ist, als er unter dem Gesichtspunkte der Erwartung sich darstellte.

Die psychologische Betrachtung des Geschehens beschränkt sich aber nicht darauf, wirklich eingetretene Ereignisse zu beurteilen, und je nachdem sie mit der Erwartung übereinstimmen oder nicht, verschieden zu bewerten, ihnen Kausalität zuzusprechen oder abzuerkennen, sie nimmt auch Stellung zu dem Ausbleiben von Ereignissen. Unsere Erwartung bezieht sich gleichermaßen auf den Eintritt wie auf das Ausbleiben von Ereignissen, und analog wie gegenüber dem ersteren ist ihr Verhalten gegenüber dem letzteren. Das erwartete Ausbleiben eines Ereignisses bedeutet dementsprechend keine Änderung der Sachlage, weil dasselbe bereits in Rechnung gezogen worden ist; es entbehrt mithin mehr oder minder der Kausalität. Das unerwartete Ausbleiben eines Ereignisses, auf welches gezählt wird, hingegen repräsentiert eine Veränderung und stellt ein Stück Kausalität im Verlauf der Dinge dar[1]).

Bleibt ein erwartetes Ereignis aus, so vollzieht sich für die psychologische Auffassung eine Änderung der Sachlage, nämlich der Sachlage, wie dieselbe sich unserer Erwartung gemäß gestaltet hat. Freilich, rein objektiv betrachtet, verändert sich die Sachlage nicht, wohl aber in ihrer durch die Erwartung bestimmten Gestalt. Das Ausbleiben eines erwarteten Ereignisses wird überall auf dieselbe Stufe kausaler Wirksamkeit eingeschätzt wie der Eintritt eines unerwarteten, weil beide nur verschiedene Erscheinungsformen derselben Kausalität — des Unerwarteten — darstellen, eine Gleichbewertung, die sich nach verschiedenen Richtungen hin verfolgen läßt. Sie gilt im kleinen wie im großen, für die Verhältnisse des täglichen Lebens wie für die des Geschäftsverkehrs und des politischen Lebens.

Das Ausbleiben eines angekündigten Besuchs, auf den die Hausfrau sich eingerichtet hat, beeinflußt nicht minder den zu erwartenden Gang des häuslichen Lebens als das überraschende Eintreffen eines Besuchs von auswärts. Das Ausbleiben einer er-

---

[1]) Auf den Zusammenhang des Nichtgeschehens mit der Erwartung hat bereits Zitelmann, Irrtum und Rechtsgeschäft, Leipzig 1879, S. 333, hingewiesen.

warteten Zahlung wie der unverhoffte Eingang einer vielleicht schon aufgegebenen Schuld, sie verändern die finanzielle Sachlage, wie dieselbe in Rechnung gezogen war. Findet in den Kammern das Ministerium nicht die in Aussicht stehende Unterstützung einer großen regierungsfreundlichen Partei, so wirkt das ebenso auf den Gang der parlamentarischen Geschäfte wie die unverhoffte Zustimmung einer oppositionellen Partei. Das Ausbleiben der zugesagten Bundeshilfe im Kriege beeinflußt gleichermaßen den Verlauf desselben wie die unerwartete Intervention eines dritten Staates.

Überall wird hier das unerwartete Nichtgeschehen dem unerwarteten Geschehen in der kausalen Wertschätzung gleichgestellt. Gleich diesem bedeutet es, vom Standpunkt der Erwartung aus gesehen, eine Veränderung des Verlaufs der Dinge. Unter dem Einfluß des Erwartungsprinzips erweitert sich mithin das Gebiet der Kausalität um eine Erscheinungsform derselben, welche die rein thatsächliche Betrachtung nicht kennt: der positiven Kausalität tritt die negative zur Seite.

Ein besonders wichtiger Anwendungsfall der Herrschaft des Erwartungsprinzips tritt uns im Recht bei der Fassung des Begriffs des Schadens entgegen.

Nachteile, welche uns treffen, bezeichnet man als Schaden, wenn sie nach dem gewöhnlichen Lauf der Dinge entweder überhaupt nicht oder wenigstens noch nicht zu erwarten waren[1]). Schaden sind also unerwartet eintretende Nachteile. Es schließt daher keinen Schaden in sich, wenn der Verlust nach dem gewöhnlichen Verlauf in Aussicht genommen werden muß, so, wenn Gebrauchsgegenstände, wie Eßwaren, Bekleidungsstücke, Beleuchtungsmaterial, durch den Gebrauch zugleich aufgebraucht werden. Wir haben den zu erwartenden Nutzen an ihnen gehabt, und ihr allmählicher Verbrauch stellt nur den zu erwartenden Verlauf dar. Deshalb bedeutet ihr Untergang keinen Schaden für uns. Er ist nichts von dem erwarteten Verlauf Abweichendes, sondern entspricht vielmehr demselben, wie er von vornherein in Rechnung gezogen war.

---

[1]) Dernburg, Pandekten, 5. Aufl., Berlin 1897, II 122.

Der Begriff des Schadens umfaßt nun einerseits den eingetretenen Verlust, die Einbuße bereits im Vermögen vorhandener Werte, andererseits den entgangenen Gewinn. Als solcher gilt der Gewinn, welcher nach dem gewöhnlichen Lauf der Dinge und nach den besonderen Umständen mit Wahrscheinlichkeit erwartet werden konnte[1]). Das Nichtgeschehen, der nicht erlangte Gewinn, wird also, soweit es im Rahmen der Erwartung liegt, dem Geschehen gleich bewertet. Für das Recht hat die negative Kausalität die gleiche kausale Bedeutung wie die positive.

Auf die Verhältnisse des Staats übertragen stellt sich als Vermögensschaden dar nicht nur ein positiver Verlust an vorhandenen Vermögenswerten, sondern auch das Ausbleiben einer Steuerzahlung. Und in weiterem Sinne Schaden ist für ihn nicht allein die Desertion eines Soldaten, sondern auch die Hinterziehung der Dienstpflicht durch einen Wehrpflichtigen. Sowohl auf die Zahlung der Steuern wie auf die Ableistung der Wehrpflicht durfte der Staat nach dem als regelmäßig zu erwartenden und vom Recht geregelten Verlauf rechnen, und die Nichterfüllung jener Pflichten schädigt ihn daher um eine Leistung, die ihm von Rechts wegen gebührt.

Wenn nun aber das Nichtgeschehen Wirkung zu sein vermag, also überhaupt Kausalität besitzt, so muß es auch Ursache sein können. Indem das Erwartungsprinzip dem Nichtgeschehen die Ursachenqualität zuerkennt, verleiht es auch dem von Menschen ausgehenden Nichtgeschehen — der Unterlassung — die Kausalität, und ihre Kausalität ist darin begründet, daß sie den zu erwartenden Verlauf der Dinge ändert.

Wenn z. B. ein Kaufmann, der in Zahlungsschwierigkeiten geraten ist, von einem Geschäftsfreunde die Zusage des für ihn notwendigen Kredits erhalten hat, dieser aber nachher die Zusage nicht hält, so verändert sich damit die Sachlage, und der Verlauf wird ein anderer. Die Zusage ließ erwarten, daß der Kaufmann sich über Wasser werde halten können, während das Ausbleiben der versprochenen Hilfe ihn zur Zahlungseinstellung zwingt und somit an Stelle des erwarteten Verlaufs einen anderen herbeiführt. Ebenso läßt die dem Weichensteller obliegende Dienstpflicht erwarten, daß

---

[1]) B.G.B. § 252.

der Bahnverkehr in völliger Sicherheit vor sich gehen werde. Unterläßt er es nun, die Weiche zu stellen und bewirkt damit ein Eisenbahnunglück, so hat auch er den Verlauf der Dinge, wie derselbe in der Erwartung bestand, verändert.

Wenn nun aber die negative Kausalität ebenso Kausalität ist wie die positive, so erscheint es auch möglich, daß beide miteinander in Verbindung treten, indem einerseits das Ausbleiben eines Erfolgs durch eine positive Handlung, andererseits das Eintreten eines Erfolgs durch eine Unterlassung bewirkt werden kann, — eine Erscheinung, welche im Strafrecht in Gestalt des Kommissivdelikts durch Unterlassung, und des Omissivdelikts durch Begehung eine Rolle spielt. Bei dem ersteren wird, wie in dem obigen Beispiel des Weichenstellers, durch eine Unterlassung der Eintritt eines rechtswidrigen Erfolgs hervorgerufen, beim letzteren bewirkt eine positive Handlung das Ausbleiben eines rechtsmäßigen Erfolgs, wie z. B. bei der Wehrpflichtshinterziehung durch Auswanderung.

Wie auf den Begriff der Ursache und Wirkung, so wirkt endlich das Erwartungsprinzip auch auf die Gestaltung des **Zusammenhangs** zwischen beiden ein. Für die psychologische Auffassung reicht der Kausalzusammenhang nur so weit, als der Eintritt einer Wirkung nach dem erfahrungsmäßigen Verlauf zu erwarten ist. Nur soweit der Erfolg im Rahmen der Erwartung liegt, für den Handelnden mithin voraussehbar ist, reicht der Begriff der Wirkung der Handlung. Was jenseits dieser Grenze liegt, erscheint als Zufall, weil es nicht mehr von dem für die menschliche Kausalität geltenden Prinzip der Voraussehbarkeit umfaßt wird. Im Gegensatz zu der logischen Auffassung tritt also in der praktischen Kausallehre als Prinzip des Zusammenhanges zwischen Ursache und Wirkung an die Stelle der im Denken gegebenen Notwendigkeit die in der Erfahrung begründete Erwartung. Verursachung ist daher der Erwartung entsprechende, mithin **voraussehbare Verursachung**.

Der weitreichende und vielgestaltige Einfluß, den die Erwartung in der praktischen Kausalität ausübt, steht in letzter Linie in einem höheren Dienst. Er beruht auf einem teleologischen Gesichtspunkt, denn er hat seinen Grund in der Macht, welche das Zweckprinzip über unser Handeln und Denken besitzt[1]). Weil das Künftige unsere Interessen berührt, werden wir veranlaßt, uns mit demselben zu beschäftigen und ihm durch die Erwartung die einzige für uns mögliche feste Gestalt zu geben. So liegt der psychologische Beweggrund für die Schaffung der Kausalität des zu Erwartenden und des Nichtgeschehens in der Herrschaft des Zweckprinzips, die Umgrenzung aber der einen wie der anderen Kausalität, welche ihnen erst ihre praktische Bedeutung verleiht, vollzieht sich unter dem Einfluß des Erwartungsprinzips.

§ 4. Die normativen Kausalprinzipien.

Der Zweck, dessen Herrschaft sich als so grundlegend für die praktische Kausallehre erweist, der nicht nur unmittelbar gestaltend auf dieselbe einwirkt, sondern auch die Quelle des Erwartungsprinzips darstellt, er führt auch eine neue Gesetzgebung in die Kausalität ein, — die normative. Das Geschehen kann unter eine verschiedene Gesetzgebung gestellt werden: die naturgesetzliche und die normative. Im ersten Falle geht die Betrachtung aus von den Naturkräften als den die Kausalität bewegenden Elementen und den Naturgesetzen als Regulatoren dieser Bewegung, im letzteren Falle von der Annahme einer von den Naturkräften verschiedenen Kraft, dem freien Willen und von besonderen für diese Kraft berechneten Gesetzen als Richtschnur des Geschehens. Für die naturgesetzliche Betrachtung des Weltlaufs gibt es keine anderen Kräfte als die Naturkräfte und keine anderen Regeln des Geschehens als die Naturgesetze. Alle Kausalität steht dann unter der Herrschaft der Notwendigkeit, und der Verlauf der Dinge gleicht einem mit Unabänderlichkeit sich vollziehenden Prozesse. Anders dort, wo das Wirken der normativen Gesetzgebung unterworfen wird. An die Stelle des Geschehenmüssens als Prinzip der Kausalität tritt dann das Geschehensollen und -dürfen, und die Vorstellung von einem durch das Vorausgehende notwendig bestimmten Gang

---

[1]) Von der Erwartung gilt auch, was Ribot von der Phantasie sagt: „Phantasie und Wille haben einen teleologischen Charakter, sie wirken nur in Rücksicht auf ein Ziel im Gegensatz zur Erkenntnis, die nur konstatieren will; man bezweckt stets etwas mit ihnen . . . ." Die Schöpferkraft der Phantasie, deutsche Ausgabe von Mecklenburg, Bonn 1902, S. 6.

der Ereignisse wird ersetzt durch die Anschauung von einem durch das Gesetz der Freiheit geregelten und daher die Möglichkeit eines Anders-Geschehens in sich schließenden Verlauf.

Die normative Kausalität ist freilich insofern an die naturgesetzliche gebunden, als sie zu ihrer Verwirklichung auf den Naturkausalismus angewiesen ist und dadurch von den diesen beherrschenden Gesetzen abhängig wird. Der Mensch, der, den Geboten der Religion, der Ethik und des Rechts folgend, in den Gang des Geschehens eingreifen will, vermag das nur zu thun, indem er die Naturkräfte benutzt und die Naturgesetze in Rechnung zieht. Allein, wenn auch die normative Kausalität die naturgesetzliche als Mittel ihrer Realisierung voraussetzt, so dient diese ihr doch nur als das Fundament, auf dem sie sich aufbaut, sie erhebt sich über dieselbe hinaus zu selbständiger Gestaltung.

Es gibt sogar ein Gebiet, auf welchem die normative Kausalität als unabhängig von den Naturkräften und ihren Gesetzen sich darstellt, ja vollständig losgelöst von denselben erscheint, — das ist das Gebiet, auf welchem die Vorgänge, die sich vollziehen, lediglich durch das Wirksamwerden der Norm ausgelöst werden, wo also der Eintritt der von der Norm bestimmten Voraussetzungen für eine Wirkung diese selbst unmittelbar zur Folge hat. Auch das Recht besitzt ein solches Kausalgebiet, welches sich als das der reinen Rechtskausalität bezeichnen läßt. Diesem Gebiet angehörende Erscheinungen begegnen uns überall dort, wo die Rechtswirkungen zu ihrer Verwirklichung nicht besonderer Maßregeln bedürfen, sondern mit dem vom Gesetz normierten Vorhandensein ihrer Voraussetzungen auch ihr Eintritt von selbst gegeben ist. Mit dem Ablauf der gesetzlichen Frist z. B. sind bei der Verjährung Rechte verloren gegangen und werden bei der Ersitzung Rechte erworben. Ebenso, wenn der Eintritt einer Rechtswirkung zugleich eine andere auslöst, wenn z. B. das Strafgesetz bestimmt, daß die Verurteilung zur Zuchthausstrafe den Verlust gewisser Ehrenrechte zur Folge hat. Das Gleiche gilt dort, wo der Ausspruch des Richters zugleich seine Verwirklichung in sich schließt, wo sich das Urteil also gleichsam selbst vollstreckt. So ist z. B. mit der durch den Richter erfolgten Abjudikation einer Sache das Eigentum an derselben auf die Partei übergegangen, mit der Nichtigkeitserklärung einer Ehe durch den Richter auch die Ehe als rechtliche Verbindung nicht mehr vorhanden, mag sie auch vielleicht als thatsächliche Lebensgemeinschaft fortbestehen.

Wir stehen hier der Erscheinung gegenüber, daß eine Veränderung in den rechtlichen Zuständen einer Person oder Sache sich auf rein logischem Wege vollzieht, ohne daß dieselbe in einem sich gleichzeitig abspielenden äußeren Vorgang ihre Verkörperung findet. Mit der Ursache ist, wie die logische Kausallehre es verlangt, sofort die Wirkung da. Die reine Rechtskausalität stellt ein Stück logischer Kausalität dar, welches in das Reich der praktischen Kausallehre hineinragt. Ein Vorgang, der sich auf dem Gebiete des Denkens abspielt, ein logischer Vorgang also, ist zugleich für das Recht ein realer.

Sieht man von dieser eigenartigen Gestaltung der normativen Kausalität ab, so steht das Geschehen in derselben unter einer doppelten Gesetzgebung: Normativgesetze wie Naturgesetze sind auf das Wirken von Einfluß. Die Norm setzt den freien Willen, die einzige von ihr als vollwertig anerkannte Kraft, in Bewegung und weist ihm die Richtung; die Bewegung selbst aber, das Wirken, vollzieht sich in Gemäßheit der Naturgesetze.

Sind somit einerseits die normativen Gesetze hinsichtlich der Verwirklichung ihrer Zwecke von den Naturgesetzen abhängig, so bringt andererseits das normative Element in das der naturgesetzlichen Kausalität vorbehaltene Gebiet ein, freilich nicht ohne wesentliche Modifikationen seines Wesens zu erleiden.

Die Norm als Regel des Geschehens und der Beurteilung desselben tritt uns hier in Gestalt der Erfahrungsregel entgegen. In diesem Sinne ist sie der Ausdruck eines thatsächlichen Verhaltens der Dinge. Was zu sein oder zu geschehen pflegt, also das Regelmäßige, stellt die Norm dar und bildet den Maßstab der Wertschätzung. Die Norm ist somit hier eine Regel des Seins, nicht des Seinsollens. So, wenn der Mediziner die Beschaffenheit eines Organs oder den Verlauf einer Krankheit als normal bezeichnet, oder wenn der Meteorolog von normaler Temperatur redet[1]).

---

[1]) In anderer Weise faßt Wundt das Eindringen der Norm in die Naturwissenschaft auf: „... So ist in die Naturwissenschaft der Begriff der Norm in der Form des Naturgesetzes eingedrungen." Ethik, 2. Aufl. 1892, S. 2.

Soweit sich nun mit einer solchen Erfahrungsnorm eine Anforderung an das Geschehen verbindet, bringt sie auch ein Sollen mit sich. Auf Grund der Erfahrung über den bisherigen Verlauf der Dinge treten wir an dieselben mit der Erwartung heran, daß sie auch weiterhin sich ebenso verhalten werden. Sie sollen also, vom Standpunkte der Erwartung, sich in einer bestimmten Weise verhalten. Wenn z. B. im Sommer die Temperatur ungewöhnlich niedrig ist, so bezeichnen wir sie als eine anormale; sie sollte auf Grund der Erfahrung eine andere sein. Dieses „Sollen" bringt also nur eine vom Standpunkte der Erfahrung und der auf sie gegründeten Erwartung aus entstehende Anforderung zum Ausdruck. Wir wissen dabei sehr wohl, daß es nicht von Dingen abhängt, dieses „Sollen" zu erfüllen oder nicht zu erfüllen, sondern daß sie gemäß den für sie maßgebenden Gesetzen des Müssens jener Anforderung mit Notwendigkeit entweder widersprechen oder entsprechen.

Die eigentliche Natur der Norm, die sie erst zur Schaffung einer besonderen Kausalität befähigt, tritt erst dort hervor, wo sie sich darstellt als Ausfluß einer höheren, pflichtenbegründenden Gesetzgebung. Erst hier zeigt sich ihr Charakter als eine Richtschnur für das Verhalten des Menschen. Der freie Wille ist die Adresse, an welche sie sich richtet, die Kraft, von der sie Verwirklichung verlangt, und die allein ihre Zwecke zu verwirklichen vermag. Alle normative Kausalität ist Kausalität des freien Willens. Hierin liegt der grundlegende Unterschied zwischen ihr und der naturgesetzlichen. Auch diese kennt den menschlichen Willen als Kausalität; er ist ihr aber eine Ursache wie jede andere, nicht, wie für die normative Auffassung, die einzige Ursache, weil die für ihre Zwecke allein wertvolle, der gegenüber alle sonstige Kausalität als Zufall erscheint.

Von Interesse ist die Erscheinung, daß auf dem Rechtsgebiet unter Umständen eine Erfahrungsregel sich in eine wirkliche Norm verwandelt. Sie streift dann ihre Natur als Erfahrungsnorm ab, und nur darin zeigt sich der Zusammenhang, daß, was regelmäßig geschieht, zum Inhalt des Sollens erhoben wird. Was zu geschehen pflegt, wird zum Maßstab der Anforderung an ein Verhalten und zum Beurteilungsprinzip desselben. Diese Erscheinung tritt uns dort entgegen, wo das Recht als Maßstab eines Verhaltens den

„ordentlichen Kaufmann" und den „besonnenen Menschen" oder den „verständigen Gegenkontrahenten" verwertet oder die Sorgfalt, die jemand in seinen eigenen Angelegenheiten anzuwenden pflegt. Hierher gehört auch die dem Juristen ehrwürdige Gestalt des bonus pater familias, den das bürgerliche Recht neuerdings depossediert hat, indem es an die Stelle seines Verhaltens als Maßstab die im Verkehr erforderliche Sorgfalt setzte. Was der ordentliche Kaufmann, der besonnene Mensch zu thun pflegt, die Sorgfalt, die jedermann seinen Angelegenheiten zuwendet, oder die im Verkehr erfordert zu werden pflegt, sie werden zur Richtschnur für ein Verhalten und dienen als Maßstab für die Beurteilung desselben. Das Gesetz entnimmt hier überall der Betrachtung des täglichen Lebens das Maß der Anforderungen, die es stellen darf; eine „Regel des Lebens", wie man sie genannt hat[1]), wird zu einer Regel des Sollens erhoben.

Die Betrachtung des Geschehens unter dem normativen Gesichtspunkte wirkt nun nach verschiedenen Richtungen auf die Kausalität ein, ihr Gebiet einschränkend oder erweiternd, ihr Wesen umgestaltend und ihre Bedeutung vertiefend; alle normativen Lebensgebiete, Recht, Ethik und Religion und die sich auf ihnen aufbauenden Wissenschaften, besitzen daher eine besondere Kausallehre, welche wesentlich abweicht von der auf die naturgesetzliche Auffassung des Geschehens gegründeten.

Nirgends tritt der umgestaltende Einfluß, den das Zweckprinzip auf die Kausalbetrachtung ausübt, so deutlich hervor wie in der Kausallehre der normativen Lebensgebiete und Wissenschaften. Die Funktion, welche der Begriff der Kausalität hier ausübt, ist eine wesentlich abweichende von der, welche sie bei der bloß thatsächlichen Betrachtung des Geschehens erfüllt. Sie erlangt daher hier eine ganz andere Bedeutung. Die thatsächliche Betrachtung der Kausalität ist sich gleichsam Selbstzweck. Sie dient zur Befriedigung unseres Bedürfnisses nach Erklärung dessen, was geschieht, und ihr ist daher Genüge geleistet, wenn es gelingt, einen Vorgang als dem Kausalgesetz unterworfen nachzuweisen.

---

[1]) v. Bar, Die Lehre vom Kausalzusammenhang, Leipzig 1871, S. 11.

In der normativen Kausalität hingegen ist der Nachweis der Kausalität im einzelnen Falle nicht Selbstzweck, vielmehr bloß Mittel zu einem höheren Zweck. Die Feststellung eines Zusammenhanges zwischen einer menschlichen Handlung und dem Erfolg stellt nur das Mittel dar, um den Wert jener Handlung, gemessen nach den Vorschriften der Religion, Ethik und des Rechts schätzen zu können, indem wir prüfen, ob und in welchem Maße sie denselben entspricht oder widerspricht. Damit hat sich zugleich die Kausalität aus einem Mittel der Erkenntnis in ein Mittel der Beurteilung verwandelt. Nicht das Erkennen eines bestimmten Verhaltens als solches ist hier der Zweck der Kausalbetrachtung, sondern die Beurteilung derselben. Das Urteil, daß Kausalität vorhanden ist, enthält daher stets ein Werturteil über das Geschehen von einem bestimmten normativen Standpunkt aus, dem rechtlichen, ethischen oder religiösen. Wir wenden dabei das Verhältnis von Ursache und Wirkung nicht an, um festzustellen, ob eine Veränderung vorliegt, und ob zwischen ihr und einer anderen ein Zusammenhang besteht, sondern um zu prüfen, ob eine Kausalität bestimmter Art vorliegt, ob Ursache und Wirkung von bestimmter Beschaffenheit gegeben sind, und ob zwischen ihnen ein Zusammenhang dergestalt begründet ist, daß die eine Veränderung als die Ursache der anderen von einem bestimmten Standpunkte aus zu betrachten ist. Je nachdem diese Frage zu bejahen oder zu verneinen ist, liegt auch, von dem betreffenden Standpunkt aus gesehen, Kausalität vor oder nicht.

Alle normative Kausalität ist Zweckkausalität. Die normative Kausalität unterwirft sich das Geschehen, um dasselbe in bestimmte Bahnen zu lenken, und beurteilt, was geschehen ist, vom Standpunkte des gesetzten Zweckes aus. Bestimmte Zwecke sind es, welche die Religion, die Ethik und das Recht realisieren wollen.

In der normativen Kausallehre wird daher zunächst gefragt: Welche Wirkungen sollen als dem Zweck entsprechende herbeigeführt und als ihm widersprechende ferngehalten werden? Nur diese Wirkungen erscheinen dann auch als Wirkungen. So bestimmt das Recht, an welchen Objekten — den Rechtsgütern — überhaupt rechtserhebliche Wirkungen eintreten können, welche Wirkungen als rechtmäßige an ihnen hervorgebracht werden dürfen und sollen, und welche als rechtswidrige nicht hervorgerufen werden sollen.

Die Zwecke, welche die religiösen, sittlichen und ethischen Normen verfolgen, wirken weiter ein auf die Auffassung der Ursache. Die normative Kausallehre legt sich die Frage vor: Welche Kräfte sind so beschaffen, daß sie von den Normen beherrscht und in die von diesen gewiesene Richtung gelenkt werden können? Diesen Anforderungen entspricht nur allein der freie menschliche Wille, und deshalb ist alle normative Kausalität Kausalität des freien Willens. Er stellt sich als die einzige Kraft dar, welche im Stande ist, im Einklang mit den Normen oder im Gegensatz zu denselben wirksam zu werden, und weil er diese Fähigkeit besitzt, so kann sein Verhalten zum Verdienst oder zur Schuld zugerechnet werden. So gestaltet sich der Begriff der **verantwortlichen Ursache** zum Mittelpunkt der normativen Kausallehre.

Das Recht insbesondere, welches Beziehungen von Menschen zu Menschen regelt, kann als Ursache nur gelten lassen, was vom zurechnungsfähigen Menschen ausgeht: es vermag nur verantwortliche Ursachen anzuerkennen. Vom zurechnungsfähigen Menschen allein darf das Recht Erfüllung der Rechtspflichten und den zweckentsprechenden Gebrauch der Rechtsbefugnisse erwarten. Er ist für das Recht die einzige vollwertige Ursache, weil er allein durch die Rechtsgesetze beherrscht und gelenkt werden kann. Alle sonstigen Ursachen erscheinen im Rechtssinne als Zufall, weil sie der Gesetzgebung des Rechts nicht unterworfen sind, sondern sich seiner Herrschaft entziehen.

So baut sich die normative Kausalität auf dem Prinzip der verantwortlichen Ursache auf. Alle normativen Lebensgebiete und Wissenschaften gehen aus von der Annahme der Freiheit des Menschen. Die Regeln, welche sie aufstellen, gelten nur für diesen, und nur von ihm erwarten sie ihre Verwirklichung. Sie setzen zu ihrer Erfüllung nicht nur die Fähigkeit des Erkennens, sondern auch die Fähigkeit der Selbstbestimmung voraus, sie erfordern mithin die Freiheit. Die Willensfreiheit ist daher eine erkenntnistheoretische Voraussetzung für die normativen Lebensgebiete und Wissenschaften, eine Voraussetzung für die Möglichkeit ihres Bestehens und die

Erkenntnis derselben. Nur unter dieser Voraussetzung hat die Gesetzgebung des Sollens und Dürfens und die Anerkennung verantwortlicher Ursachen einen Sinn. Die normative Kausalität ist daher die durch das Gesetz der Freiheit bestimmte Kausalität im Gegensatz zu dem durch die Naturgesetze gebundenen und unabänderlich geregelten Geschehen.

Das Erfordernis der verantwortlichen Ursache wirkt nun in bestimmender Weise auf die Gestaltung des Kausalzusammenhangs in der normativen Kausalität ein. So insbesondere auch im Recht. Wenn das Recht von dem Menschen verlangt, sein Verhalten so einzurichten, daß er Rechtsgüter nicht verletzt oder gefährdet, so kann es doch nicht von ihm mehr erwarten, als er zu leisten im Stande ist. Es muß das Recht seine Anforderungen der Beschaffenheit des Menschen entsprechend gestalten und kann daher, soll die Thätigkeit desselben nicht ganz brach gelegt werden, von ihm nur verlangen, daß er das nach dem gewöhnlichen Verlauf der Dinge zu Erwartende zur Richtschnur seines Handelns nimmt. Daraus folgt die Beschränkung des Kausalzusammenhangs in der Rechtskausalität auf den voraussehbaren Zusammenhang. Nur die Wirkungen, welche nach dem regelmäßigen Verlauf zu erwarten und daher voraussehbar sind, können dem Menschen zur Last gelegt werden. Was hierüber hinausgeht, muß als Zufall im Rechtssinne aufgefaßt werden, weil es von dem für die menschliche Kausalität geltenden Gesetz der Voraussehbarkeit nicht umfaßt wird. Alle Kausalität im Recht ist daher zurechenbare, weil voraussehbare Kausalität.

Wie alle normativen Lebensgebiete, steckt auch das Recht sich selbst die Grenzen des Reiches seiner Kausalität. Soweit die Herrschaft seiner Gesetze des Sollens und Dürfens sich erstreckt, soweit reicht auch das Gebiet der Rechtskausalität. Alles Geschehen ist im Recht rechtserhebliches Geschehen, also ein von den Rechtssätzen umfaßtes. Das Recht setzt fest, was es als Ursache anerkennt, und erblickt in dem freien Willen die einzige vollwertige Ursache, es bestimmt ferner, welche Wirkungen im Rechtssinne Wirkungen darstellen, als rechtmäßige oder rechtswidrige, und es regelt endlich die Gestaltung des Zusammenhangs zwischen Handlung und Erfolg, indem es denselben an die Vorhersehbarkeit knüpft und damit Kausalität und Zurechnung, Verursachung und Verantwortlichkeit miteinander vereint.

Im Gegensatz hierzu vertritt eine verbreitete Ansicht die Auffassung, daß Verursachung und Verantwortlichkeit streng voneinander zu scheiden sind. Nun ist freilich richtig, daß wir die thatsächliche Zurechnung, die imputatio facti, von der rechtlichen, der imputatio iuris trennen können. Der Begriff der rechtlichen Kausalität ist der engere im Vergleich zu dem allgemeinen Begriff der praktischen Kausalität. Erst muß daher überhaupt im Sinne der letzteren Kausalität nachweisbar sein, also thatsächlich Zurechnung möglich sein, wenn von juristischer Kausalität die Rede sein soll. Ist also ein Erfolg nicht einmal thatsächlich zurechenbar, etwa weil ein an die Handlung sich anschließendes Naturereignis ihn herbeiführte, so entfällt damit von selbst die Möglichkeit einer juristischen Zurechnung. Allein, jene Ansicht irrt darin, daß sie in der imputatio iuris lediglich ein Urteil über etwas Subjektives, über die Schuld, erblicken will. Die juristische Zurechnung enthält vielmehr zugleich mit dem Ausspruch über subjektive Momente auch einen solchen über objektive, ein kausales Werturteil über ein Verhalten und seine Wirksamkeit. Das juristische Zurechnungsurteil konstatiert mit dem Vorhandensein von Schuld und Verantwortlichkeit zugleich auch das Vorliegen von Kausalität im Rechtssinne, und mit der Verneinung der Schuld negiert es auch juristisch die Kausalität. Mit dem Urteil über die Schuld ist dasselbe also zugleich ein Urteil über die Kausalität.

Die enge Verbindung von Schuld und Kausalität zeigt sich insbesondere im **Strafrecht**:

1. Die Schuld entscheidet darüber, ob überhaupt Kausalität im Rechtssinne vorliegt. Nur dann gilt jemand als Urheber eines rechtswidrigen Erfolgs, wenn er denselben schuldhaft verursacht hat. Wo Schuld gegeben ist, da ist auch Kausalität vorhanden, und wo jene mangelt, entfällt auch diese. Verursachung und schuldhafte Verursachung fallen also hier zusammen. Wegen fehlender Schuld erkennt daher der Jurist keine Kausalität an, sondern spricht von Zufall, wenn ein Handlungsunfähiger, z. B. ein

Geisteskranker, seinen Wärter erschlug, ebenso wenn der Erfolg überhaupt nicht voraussehbar war oder wenn der Thäter sich in einem verzeihlichen thatsächlichen Irrtum befand, der ihn daran hinderte, die Folgen seines Thuns zu erkennen. Im letzteren Fall liegt zwar im Sinne bloß thatsächlicher Zurechnung Verursachung vor, wenn auch schuldlos bewirkte, im Rechtssinne hingegen nicht, vielmehr ist es ein unglücklicher Zufall, der den Erfolg herbeigeführt hat. Am deutlichsten tritt der Zusammenhang von Schuld und Verursachung bei der Unterlassung hervor. Wie überhaupt die praktische Kausalauffassung, so nimmt auch das Recht ein Unterlassen an, nur soweit ein Thun erwartet wird. Bloß der Grund der Erwartung verändert sich im Recht. An die Stelle des erfahrungsmäßig zu Erwartenden tritt die rechtliche Erwartung, das Erwarten-dürfen, welches seinerseits seine Begründung in einer vorhandenen Rechtspflicht findet. Nur insoweit eine Rechtspflicht besteht, auf Grund deren ein Handeln erwartet werden durfte, z. B. wegen vorhandener Amts= oder Berufspflicht ist die Unterlassung kausal. Unterlassen und pflichtwidriges Unterlassen fallen mithin zusammen.

2. Die Schuld entscheidet darüber, ob Ursache oder Bedingung vorliegt. So zunächst, wenn schuldhaftes und nicht schuldhaftes Handeln zu einem Erfolg zusammenwirken. Für die rein thatsächliche Betrachtung ist es z. B. ganz gleichgiltig, ob man einem geistig gesunden oder kranken Menschen zum Selbstmord Beistand leistet. Hier wie dort ist Ursache des Ereignisses die Handlung des sich Selbstverletzenden, darum stellt das Thun des Beistandleistenden stets nur eine Bedingung des eingetretenen Erfolges dar. Anders im Recht. Wer einem Zurechnungsfähigen wissentlich zur Selbsttötung hilft, indem er ihm etwa die Waffe verschafft, setzt zwar auch nach der juristischen Auffassung nur eine Bedingung, wer aber die gleiche Handlung mit Beziehung auf einen Geisteskranken vornimmt, oder durch seine Nachlässigkeit den Selbstmord desselben ermöglicht, dessen Verhalten erscheint als die wenn auch mittelbare Ursache. Die Handlung des Geisteskranken wird bei der rechtlichen Würdigung der Kausalmomente ausgeschaltet, weil sie keine Rechtsursache darstellt, und mit der Schuld fällt auch

die Kausalität auf den Beistandleistenden zurück. Eine Handlung wird also vom Recht kausal verschieden bewertet, — als Ursache oder Bedingung, — je nachdem sie einem Zurechnungsfähigen oder Unzurechnungsfähigen gegenüber erfolgt.

Das Gleiche gilt auch dort, wo das schuldhafte Verhalten mehrerer für den Erfolg mit wirksam gewesen ist. Hier ist die Schwere der Verschuldung maßgebend für die Frage nach der Urheberschaft der einen oder der anderen der in Betracht kommenden Personen. Sie wird zum Prüfstein für die Frage nach der Kausalität im Rechtssinne. Ist z. B. in einer Fabrik ein Arbeiter verunglückt, so kommt es darauf an, ob die Unvorsichtigkeit, deren sich derselbe schuldig machte, eine geringe ist, wie sie häufig bei Arbeitern vorzukommen pflegt und daher für den Fabrikbesitzer voraussehbar war, oder ob sie als eine ganz ungewöhnliche, grobe und mithin außer aller Erwartung liegende sich darstellt. Im ersten Falle gilt das Verhalten des Besitzers, im anderen das Verhalten des Selbstverletzten als Ursache des Unfalls. Die Schwere der Verschuldung entscheidet also darüber, ob in einem Fall Ursache oder Bedingung vorliegt.

3. Sie entscheidet über die **Beschaffenheit** der vorliegenden Kausalität, ob diese sich als eine positive oder negative, also als Handlung oder Unterlassung darstellt, — eine Thatsache, die freilich auf den ersten Blick befremdlich erscheint, denn wie soll ein rein inneres Moment, wie die Schuld es ist, präjudiziell sein für die Gestaltung des Geschehens, die innere Kausalität für die Beschaffenheit der äußeren?

Im Recht, welches eben Schuld und Kausalität miteinander in Verbindung bringt, vermag in der That die Beschaffenheit des Vorwurfs, der dem Thäter gemacht wird, bei äußerlich gleichem Hergang, über das Dasein positiver oder negativer Kausalität zu bestimmen. Dasselbe Geschehen, z. B. das Überfahren eines Kindes durch einen Kutscher, ist je nach dem Zeitpunkt, in welchem die Schuld entsteht und der dadurch bedingten verschiedenen Beschaffenheit des den Thäter treffenden Vorwurfs, bald als ein Kommissivdelikt durch Unterlassung, bald als ein reines Begehungsverbrechen aufzufassen. Wenn z. B. der Kutscher durch ein Dorf fahrend, nicht acht gibt und infolgedessen ein auf der Straße spielendes Kind überfährt, so macht er sich eines Kommissivdelikts durch Unterlassung schuldig. Wir machen ihm den Vorwurf, daß er die Pferde nicht anhielt und erblicken in diesem Unterlassen die Ursache des eingetretenen Erfolgs.

Wenn dagegen der Kutscher sein Gefährt in Bewegung setzte unter Umständen, wo er das nicht thun darf, etwa weil gerade Kinder vor den Pferden spielen, so wird dem Kutscher bereits das Antreiben der Pferde zum Vorwurf gemacht, und diese positive Handlung ist es daher, die als Ursache des Erfolges erscheint.

Im ersteren Falle war das Antreiben der Pferde bloß eine Bedingung für den Erfolg, der seine Ursache erst in der nachfolgenden Unterlassung findet, im letzteren bedeutet dasselbe bereits das Setzen der Ursache.

4. Sie entscheidet über die Gestaltung des Kausalzusammenhangs, darüber, ob mittelbare oder unmittelbare, direkte oder indirekte Verursachung vorliegt. Wird bei einer konkurrierenden Fahrlässigkeit des Verletzten die Unvorsichtigkeit des letzteren im Hinblick auf ihre Größe und Schwere als die Ursache des Unfalles bewertet, so liegt unmittelbare Verursachung in Gestalt der Selbstverletzung vor. Erscheint dagegen eine vorausgehende Unvorsichtigkeit eines anderen als die Ursache, so ist damit mittelbare Verursachung begründet. Und wird, wie in dem vorhin erwähnten Fall des Kutschers, angenommen, daß schon das Antreiben die Ursache des Unfalls darstellt, so ist direkte Verursachung gegeben. Erscheint hingegen das unterlassene Anhalten der Pferde als die Ursache, so liegt indirekte Verursachung durch unterlassene Hinderung vor.

So regeln die normativen Gesetze in weitem Umfang das Gebiet des Geschehens und bestimmen die Fragen der menschlichen Kausalität. Ihre Bedeutung ist aber eine noch hierüber hinausgehende: sie werden selbst zu einer kausalen Kraft, indem sie motivierend auf den Menschen wirken und ihn auf den Weg lenken, den Macht, Ethik und Religion zur Erfüllung seiner Aufgaben ihn weisen.

II. Die Grundzüge der strafrechtlichen Kausallehre.

§ 5. 1. Handlung und Kausalzusammenhang.

Literatur: Glaser, Über strafbare Unterlassungen, in seinen Abhandlungen aus dem österreich. Strafrecht I. Wien 1858. — A. Merkel, Kriminalistische Abhandlungen I. Leipzig 1867. — v. Bar, Die Lehre vom Kausalzusammenhang. Leipzig 1871. — v. Buri, Über Kausalität und deren Verantwortung. Leipzig 1873. Derf., Die Kausalität in ihren strafrechtlichen Beziehungen. Stuttgart 1885. — Binding, Normen. II 207. — Birkmeyer, Ursachenbegriff und Kausalzusammenhang im Strafrecht. Rostock 1885. — v. Rohland, Die strafbare Unterlassung. I. Dorpat und Leipzig 1887, und Die Gefahr im Strafrecht. 2. A. 1888. — J. v. Kries, Über den Begriff der objektiven Möglichkeit. Leipzig 1888 (vgl. denf. Z. IX 528). — Landsberg, Die sog. Kommissivdelikte durch Unterlassung. Freiburg 1890. — Kohler, Studien aus dem Strafrecht I. Mannheim 1890. S. 45, 83. — Huther, Der Kausalzusammenhang. Wismar 1893. — Horn, Der Kausalitätsbegriff in der Philosophie und im Strafrecht. 1893. — Thon, Über den Begriff der Kausalität. Jena 1894. — Thyrén, Abhandlungen aus dem Strafrecht und der Rechtsphilosophie. I. Lund 1894. — Heß, Der Kausalzusammenhang und unkörperliche Denksubstrate. Hamburg 1895. — P. Merkel, Begehung durch Unterlassung. Nürnberg 1895. — v. Brünneck, Die herrschende Kausalitätstheorie. Diff. Halle 1897. — M. E. Mayer, Der Kausalzusammenhang im Strafrecht. Leipzig 1899. — Hartmann, Das Kausalproblem im Strafrecht. Breslau 1900. — M. Rümelin, Die Verwendung der Kausalbegriffe im Straf- und Zivilrecht. Tübingen 1900. — Radbruch, Die Lehre von der adäquaten Verursachung. Berlin 1902.

I. Die Handlung und ihre Arten.

1. Handlung im Rechtssinne ist die Willensäußerung eines zurechnungsfähigen Menschen, schuldhafte Handlung somit die schuldhafte Willensäußerung. In diesem weiteren Sinne umfaßt sie auch

die Vorbereitungshandlung und die Gehilfenhandlung. Im engeren Sinne ist sie die Handlung des Thäters oder Urhebers, d. h. diejenige Willensäußerung, welche Ursache für den Eintritt eines rechtswidrigen Erfolgs und für das Ausbleiben eines rechtmäßigen, — also Ursache eines positiven oder negativen Erfolgs ist.

Die Handlung kann in einem Thun oder Unterlassen bestehen, eine positive oder negative Handlung sein. Der Begriff des Thuns umfaßt dabei nicht nur die Fälle der Körperbewegung, sondern auch im Anschluß an den Sprachgebrauch jedes sonstige thätige Verhalten, so namentlich das Aufrechterhalten eines rechtswidrigen Zustands, z. B. Gefangenhalten, Behalten eines zugelaufenen fremden Hundes u. s. w.[1]).

II. Die Handlung als Ursache.

1. Damit eine Handlung sich als Ursache eines Erfolges darstellt, ist es nicht genügend, daß sie eine, gleichviel wie beschaffene Bedingung des Erfolges ist. Diese Ansicht wird zwar neuerdings vielfach vertreten[2]), insbesondere auch vom Reichsgericht, sie führt aber zu Konsequenzen, welche mit den Thatsachen in Widerspruch stehen. Wäre sie richtig, so müßte jeder, in dessen Verhalten eine Bedingung zum Erfolg lag, als Urheber desselben angesehen werden, der Büchsenschmied Urheber der Verwundungen sein, die mit den von ihm angefertigten Waffen zugefügt worden sind, der Fahrgast Urheber, wenn der Droschkenkutscher einen Passanten überfährt, der Wirt Urheber aller Verletzungen, welche die Gäste mit seinen Maßkrügen sich beim Raufen beigebracht haben. Um diesen auch für sie unannehmbaren Konsequenzen auszuweichen, stellt jene Theorie das weitere Erfordernis der Voraussehbarkeit auf und nimmt Verantwortlichkeit nur dann an, wenn die Handlung nicht nur eine Bedingung für den Erfolg darstellt, sondern dieser auch voraussehbar war. Indessen auch in dieser eingeschränkten Ge-

---

[1]) Zu eng daher die Auffassung des Thuns als Körperbewegung. v. Liszt, Lehrbuch S. 127; Frank, Kommentar S. 12.
[2]) v. Buri S. 1; v. Liszt S. 128; H. Meyer, Lehrbuch S. 188; Beling, Grundzüge, 2. A. 1902, S. 33.

stalt bleiben die Konsequenzen bedenklich. Ist es für den Büchsenschmied nicht voraussehbar, daß seine Waffen auch zu rechtswidrigen Zwecken verwendet werden können, für den Wirt nicht voraussehbar, daß die Gäste mit seinen Maßkrügen sich Verletzungen zufügen werden, wenn es etwa für ihn erfahrungsgemäß feststeht, daß alle Sonntage in seiner Wirtschaft gerauft wird? Und doch wird es niemand in den Sinn kommen, den einen oder den anderen als Urheber zu betrachten und zu bestrafen. Wenn also, obgleich in dem Verhalten des Wirts eine Bedingung des Erfolges lag, und diese für ihn voraussehbar war, er dennoch nicht Urheber der Verletzung ist, so beweist das, daß der Handlung des Wirts etwas fehlte, um sie zur Ursache zu erheben, — die geeignete Kraft, den Erfolg von sich aus zu bewirken. Erst der Gebrauch, den die Raufenden von den Maßkrügen machen, entspricht dieser Voraussetzung und stellt daher die Ursache der Verletzungen dar. Damit tritt aber auch hervor, daß für die juristische Auffassung nicht jede Bedingung die Eigenschaft der Ursache besitzt, sondern daß Ursache und Bedingung voneinander zu scheiden sind.

Die Theorie von der Gleichwertigkeit aller Bedingungen geht aus von dem logischen Ursachenbegriff. Für die Logik als Lehre vom abstrakten Denken, welches von der wirklichen Beschaffenheit der Dinge und ihrer Verschiedenheit ganz absieht, sind alle Bedingungen gleich und gleichwertig, weil jede von ihnen für den Eintritt des Erfolgs notwendig ist, deshalb kann auch jede von ihnen als Ursache aufgefaßt werden. Der Ursachenbegriff im Recht stützt sich aber nicht auf den logischen Begriff der Ursache, den des abstrakten Denkens, sondern auf den des angewandten Denkens — den praktischen Ursachenbegriff. Das ist der sog. dynamische, der auf der erfahrungsmäßigen Wirkungsfähigkeit beruht. Die Erfahrung weist eine verschiedene Wirkungsfähigkeit der Handlungen auf, und somit kommt ihnen ein verschiedener Kausalwert zu. Wir bewerten eine Handlung anders, wenn sie geeignet ist, einen bestimmten Erfolg herbeizuführen, als wenn sie es nicht ist. Das Urteil, daß eine Handlung Ursache ist, enthält daher immer ein kausales Werturteil.

2. Eine Handlung ist nur dann Ursache eines Erfolgs, wenn

sie Bedingungen von so großer Kraft enthält, daß sie unter den gegebenen oder zu erwartenden Umständen erfahrungsmäßig den Erfolg herbeizuführen vermag[1]). So stellt ein Setzen der Ursache dar z. B. das Beibringen des Giftes oder das Hinstellen desselben in der Erwartung, der Kranke werde dasselbe als vermeintliche Arznei zu sich nehmen. Bedingungen sind hingegen alle Umstände, welche zum Eintritt des Erfolges etwas beitragen können, ihn aber nicht von sich aus zu bewirken im Stande sind. So ist z. B. das Anschaffen des Gewehres, das Bereiten des Giftes u. s. w. bloß eine Bedingung, weil zu ihnen noch etwas hinzukommen muß, der Gebrauch der Waffe und des Giftes, damit der Erfolg verwirklicht werde, während diese letzteren Handlungen ihrerseits keine Verstärkung ihrer kausalen Kraft bedürfen, um den Erfolg zu bewirken[2]).

III. Die Wirkung der Handlung.

1. Wirkung der rechtswidrigen Handlung ist der Eintritt eines rechtswidrigen oder das Ausbleiben eines rechtmäßigen Erfolges. Ersteres beim Begehungsverbrechen oder Kommissivdelikt, letzteres beim Unterlassungsverbrechen oder Omissivdelikt. Nicht nur der Eintritt eines rechtswidrigen Erfolges, auch das Ausbleiben eines vom Recht gebotenen stellt eine rechtswidrige Veränderung dar

---

[1]) Den Unterschied von Ursache und Bedingung erkennen an: insbesondere Binding, Normen I (1872) S. 42: Ursache sind die zum Erfolge hinführenden Bedingungen in ihrem Übergewicht über die von ihm abhaltenden Bedingungen. Birkmeyer, in seiner Encyklopädie der Rechtswissenschaft, 1901, S. 1042: „die überwiegende Bedingung". Auch wird als Ursache bezeichnet die thätigste oder wirksamste Bedingung, so Trendelenburg in seinen „Logischen Untersuchungen" 3. A. S. 184 f.; H. Meyer in den früheren Auflagen seines Lehrbuchs. — v. Bar, Die Lehre vom Kausalzusammenhang, 1871, S. 11: „Ursache ist die Bedingung, durch welche der als regelmäßig gedachte Verlauf ein anderer wird." Vgl. auch Merkel, Lehrbuch S. 99; M. E. Mayer, Der Kausalzusammenhang im Strafrecht, 1899, sowie die unten S. 52 N. 1 Genannten.

[2]) Der Unterschied ist auch für die Abgrenzung von Versuch und Vorbereitung von Bedeutung: die Vorbereitungshandlungen enthalten bloße Bedingungen für den Erfolg, z. B. das Laden des Gewehres, das Hingehen an den Thatort, während beim Versuch der Thäter bereits die Ursache für den Erfolg setzt, z. B. beim Abdrücken des Gewehres.

und enthält daher eine Schädigung der Rechtswelt. Bei der Betrachtung einer Sachlage ziehen wir überall auch das zu Erwartende in Rechnung, z. B. bei der Beurteilung des Vermögenszustandes nicht nur die vorhandenen Vermögensstücke, sondern auch die ausstehenden Forderungen. So bestimmt sich auch die Heeresmacht des Staates nicht bloß durch die vorhandenen Soldaten, sondern auch im Hinblick auf die Zahl der demnächst zum Dienste Verpflichteten, das Vermögen desselben nicht nur durch die bereits vorhandenen Einkünfte, sondern auch durch die zu erwartenden Einnahmen. Erfüllt nun ein Heerespflichtiger seine Wehrpflicht nicht, oder zahlt ein Steuerpflichtiger seine Steuern nicht, so verändert er damit die Sachlage zum Nachteil des Staates; das Ausbleiben der Leistung, auf welche der Staat rechnen durfte, schließt einen Rechtsschaden in sich.

2. Der rechtswidrige Erfolg kann sich zunächst darstellen als Verletzung von Rechtsgütern, sei es als eine Verletzung ihrer Substanz, wie bei der Tötung oder Sachbeschädigung, sei es als eine rechtswidrige Veränderung in ihren Zuständen, z. B. der Entziehung der Herrschaft über eine Sache, wie bei der Unterschlagung und beim Diebstahl.

3. Er kann aber auch bestehen in der Gefährdung eines Rechtsgutes. Eine Gefahr liegt vor, wenn ein schädlicher Erfolg zu erwarten ist. Ein Rechtsgut ist also gefährdet, wenn eine Verletzung desselben erwartet werden kann. Zunächst entsteht eine solche Gefährdung dadurch, daß eine Kausalität in der Richtung auf einen schädlichen Erfolg wirkt, z. B. wenn A dem B Gift eingibt oder wenn die Mutter das Kind auf der Landstraße aussetzt, während ein Wagen heranrollt, der dasselbe überfahren kann; sie ist aber auch dann schon vorhanden, wenn eine schädliche Kausalität zwar noch nicht wirkt, ihr Wirken aber zu erwarten ist, z. B. wenn der A das Gift hinstellt, indem er darauf rechnet, B werde dasselbe als vermeintliche Arznei einnehmen, oder wenn zur Zeit, wo das Kind ausgesetzt wird, zwar kein Wagen gefahren kommt, solches aber jederzeit geschehen kann. So ist Gefährdung der Zustand, in welchem eine schädliche Kausalität thatsächlich wirkt oder ihr Wirken zu erwarten ist.

Auch die Gefährdung enthält eine Schädigung von Rechts=
gütern, weil die Entstehung einer Gefahr eine Veränderung der
kausalen Sachlage für uns bedeutet, so z. B. beim Eintritt einer
Kriegsgefahr, wenn sich der Konflikt zwischen zwei Staaten so
zuspitzt, daß man des Ausbruchs eines Krieges gewärtig sein muß,
oder bei einer Lebensgefahr, wenn infolge des Eintrittes einer
Komplikation ein schlimmer Ausgang der Krankheit innerhalb des
Rahmens der Erwartung liegt. Das zu Erwartende kann sogar
einen so großen Einfluß auf uns ausüben, daß der thatsächliche
Eintritt des zu erwartenden Ereignisses ganz einflußlos bleibt,
z. B. der Börsenbericht meldet, daß die Erhöhung des Reichsbank=
Zinsfußes, weil bereits erwartet, ohne Einfluß auf die Börse war.
Die Erwartung hat dann der Wirklichkeit ihre kausale Kraft
gleichsam vorweggenommen. Das zu Erwartende wirkt auf uns in
ganz ähnlicher Weise wie der thatsächliche Eintritt eines Ereignisses;
es beeinflußt unser Handeln, das darauf ausgeht, die Gefahr ab=
zuwenden und wenn sie sich nicht abwenden läßt, uns auf das
Kommende einzurichten. Der Eintritt einer Gefahr und ebenso
ihr Wegfall bedeuten also für die praktische Kausalbetrachtung eine
Änderung der Sachlage.

4. Das Strafrecht verwendet nun den Begriff der Gefahr
zunächst beim Gefährdungsverbrechen, z. B. bei der Aus=
setzung und dem Zweikampf, deren Thatbestand nicht eine Ver=
letzung von Gütern erfordert, sondern bereits mit dem Eintritt
einer Gefährdung verwirklicht ist.

Für das Vorliegen einer Gefährdung sind maßgebend die
Beschaffenheit der Handlung und die Umstände, unter denen sie
vorgenommen wird. Eine Handlung ist nun einerseits nicht schon
dann eine gefährliche, wenn sie eine ganz entfernte, abstrakte
Möglichkeit einer Gefahr in sich birgt (abstrakte Gefährlichkeit)[1]),
sonst gäbe es überhaupt keine gefahrlose Handlungen, denn jede
Handlung, auch die harmloseste, kann unter ganz besonderen Um=
ständen zu einer Gefahr führen. Andererseits ist nicht notwendig,

---

[1]) So das Reichsgericht bei der Behandlung der studentischen Schläger=
mensuren, indem es ohne Rücksicht auf vorhandene Schutzvorrichtungen den
Schläger als tödliche Waffe im Sinne des § 201 St.G.B. auffaßt. E. 8, 87.

daß durch ihre Vornahme im konkreten Falle auch thatsächlich eine Gefahr entsteht (**konkrete** oder **thatsächliche Gefahr**), sondern eine Handlung ist dann eine gefährliche, wenn erfahrungsgemäß aus ihr eine Gefahr zu entstehen pflegt und mithin durch ihre Vornahme der Eintritt einer solchen erwartet werden kann (**generelle Gefährlichkeit**). Gleichgiltig ist aber, ob der thatsächliche Verlauf dieser Erwartung entspricht oder nicht, indem ein zufälliger Umstand die Gefahr nicht entstehen läßt. So war z. B. das auf der Landstraße ausgesetzte Kind gefährdet, auch wenn ein Vorübergehender dasselbe mit sich nimmt, ehe es zu verhungern oder zu erfrieren droht. Die hilflose Lage des Kindes läßt es jeden Augenblick möglich erscheinen, daß es thatsächlich in Gefahr gerät.

Wie für die Einzelgefährdung ist auch für die **Gemeingefahr** die generelle Beschaffenheit der Sachlage maßgebend. Eine Handlung ist daher eine gemeingefährliche, wenn aus ihr eine Gemeingefahr zu erwarten ist. Gleichgiltig ist dagegen, ob sie thatsächlich eine solche hervorruft oder ob sie bloß zu einer Einzelgefährdung führt oder ob niemand thatsächlich gefährdet worden ist. So ist z. B. der Thatbestand der Eisenbahngefährdung begründet, wenn ein Stein auf die Schienen gelegt wurde, mag auch kein Zug die Stelle passiert haben, bevor das Hindernis beseitigt wurde oder vielleicht nur der Führer auf einer zurückkehrenden Lokomotive allein gefährdet gewesen sein.

5. Die Gefährdung bildet ferner ein Thatbestandsmerkmal **des Versuchs**. Analog wie beim Gefährdungsverbrechen enthält die Handlung beim Versuch eine Gefährdung, wenn sie erfahrungsmäßig ihrer generellen Beschaffenheit nach geeignet ist, den Erfolg herbeizuführen; unwesentlich ist daher, ob ihre Ausführung im gegebenen Falle thatsächlich eine Gefahr entstehen läßt oder nicht, ob z. B. die beigebrachte Dosis Arsenik genügt hätte, den Vergifteten zu töten oder nicht dazu genügt hätte, weil er an Arsenik gewöhnt war.

Von diesem Gesichtspunkte aus ist auch die vielumstrittene Frage nach der Strafbarkeit des absolut untauglichen Versuchs zu behandeln.

Die subjektive Theorie, welche insbesondere vom Reichsgericht vertreten wird, will den absolut untauglichen Versuch stets strafen, die objektive Theorie, welche in der Wissenschaft die herrschende ist, ihn dagegen stets straflos lassen. Die subjektive Theorie führt dazu, jeden irgendwie geäußerten bösen Vorsatz zu strafen. Deshalb hebt die objektive Theorie mit Recht das Erfordernis der Gefährdung im Thatbestand des Versuchs hervor und erklärt den völlig ungefährlichen Versuch für straflos. Sie übersieht nur, daß die kausale Wertschätzung einer Handlung eine verschiedene ist, wenn sie erfahrungsmäßig mit Notwendigkeit gefahrlos verlaufen muß, z. B. beim Versuch, einen Menschen mit einigen Pulverkörnern in die Luft zu sprengen, oder wenn sie durchaus geeignet ist, eine Gefahr zu begründen und nur in Folge eines glücklichen Zufalls im gegebenen Falle thatsächlich keine Gefahr entsteht, z. B. wenn der Thäter im Versehen ein ungeladenes Gewehr statt des geladenen ergreift oder wenn er in ein Zimmer schießt, dessen Bewohner dasselbe gerade verlassen hat.

Im ersten Falle ist das Vorhaben ein völlig ungefährliches, und seine Verwirklichung bringt daher niemals eine Gefahr mit sich. Im letzteren Falle ist das Vorhaben ein gefährliches. Seine Ausführung läßt eine Gefahr erwarten, und es erscheint daher für die kausale Wertschätzung der Handlung gleichgiltig, daß sie im konkreten Falle durch Zufall nicht auch thatsächlich eine Gefahr hervorruft. Der bloß zufällig ungefährliche Verlauf ändert nicht die kausale Wertschätzung der Handlung als einer gefährlichen, weil von ihr eine Gefahr erwartet werden konnte.

IV. Der Zusammenhang zwischen Handlung und Erfolg.

Der Kausalzusammenhang zwischen Handlung und Erfolg braucht nicht ein notwendiger zu sein. Es ist daher nicht erforderlich, daß die Handlung die Wirkung hervorbringen muß, z. B. daß die Verletzung sich als eine absolut tödliche darstellt. Vielmehr genügt es, wenn das Hervorgehen des Erfolgs aus der Handlung auf Grund der Erfahrung erwartet werden kann, mag der Eintritt des Erfolgs geradezu mit Notwendigkeit oder mit größerer oder geringerer Wahrscheinlichkeit vorauszusehen gewesen sein; selbst die entfernte Möglichkeit ist ausreichend, z. B. beim Schießen auf eine große

Entfernung, sofern nur der Eintritt des Erfolgs innerhalb des Rahmens der Voraussehbarkeit liegt. Ist er hingegen nicht voraussehbar, weil außerhalb aller Erwartung, so besteht im Rechtssinne kein Kausalzusammenhang. Ursache des Erfolges ist dann nicht die Handlung, sondern der Zufall. Logisch betrachtet besteht auch in solchen Fällen Kausalzusammenhang, z. B. wenn der bei einem Raubanfall Verletzte auf dem Transport ins Spital vom Blitz erschlagen wird. Die praktische Kausallehre begrenzt aber den Zusammenhang auf den erfahrungsgemäß zu erwartenden Verlauf. Verursachung ist die der Erwartung entsprechende, mithin **voraussehbare Verursachung**[1].

Sofern der Eintritt des Erfolgs der Erwartung entspricht, ist es im übrigen gleichgiltig, wie der Verlauf sich im Einzelnen gestaltet. Zunächst, ob er sich so vollzieht, wie der Thäter es sich vorgestellt hat oder nicht, so hinsichtlich des **Zeitpunktes des Erfolgseintritts**, ob der Thäter vielleicht glaubte, das Gift werde früher oder später wirken, als es thatsächlich gewirkt hat[2], oder hinsichtlich der **Art und Weise** des Erfolgseintritts, z. B. wenn A den B über das Brückengeländer wirft, damit er ertrinke, derselbe aber bereits beim Fallen durch Aufschlagen auf einen Brückenpfeiler getötet wird, oder wenn ein Brandstifter ein Haus zuerst an einer Stelle anzündet, da er aber irrtümlich glaubt, das Feuer sei dort ausgegangen, noch an einer Stelle Feuer anlegt, und nun gerade

---

[1] Dieselbe Auffassung liegt auch der Theorie der sog. adäquaten Verursachung zu Grunde, die von J. v. Kries aufgestellt, von M. Rümelin, Liepmann u. a. vertreten wird. Eine adäquate Verursachung ist anzunehmen, wenn das rechtswidrige Verhalten mit dem verursachten Erfolg in einem generellen Zusammenhang steht, gemäß den allgemeinen Verhältnissen geeignet ist, derartige Verletzungen herbeizuführen. J. v. Kries, Wahrscheinlichkeit und Möglichkeit im Strafrecht. Z. IX. (1889) S. 532. — Adäquate Verursachung ist die der Erwartung entsprechende Verursachung. — Liepmann, Einleitung in das Strafrecht, Berlin 1900, S. 72: „Ein Erfolg ist dann durch eine Handlung verursacht, wenn diese in einem berechenbaren Zusammenhang mit dem Erfolg steht."

[2] Binding, Normen II 444: „Wirkt eine in Bewegung gesetzte Ursache früher oder später als vorgesehen war, auf das Objekt, worauf sie wirken soll, so ist die Differenz zwischen der vorgestellten und wirklichen Zeit des Erfolgs juristisch gleichgiltig."

von der ersten Brandstelle aus sich das Feuer weiterverbreitete. Es ist also gleichgiltig, welche der von ihm vorgenommenen Handlungen der Thäter für die Ursache des Erfolgs hält.

Auch eine Mitwirksamkeit von Zufälligkeiten, welche überhaupt erst den Eintritt des Erfolgs herbeiführen, schließt der Zusammenhang und somit die Haftung für Vollendung nicht aus, z. B. wenn der Schuß den zu Tötenden nur deshalb töblich verletzt, weil er gerade sich bückte oder eine unwillkürliche Bewegung machte.

§ 6. 2. Die Arten der Verursachung.

A. Unmittelbare und mittelbare Verursachung.

I. Wer handelt, haftet im allgemeinen nur für die unmittelbare Ursache, die er setzt, und für die unmittelbare Wirkung, die er hervorruft. Der Kausalzusammenhang ist daher regelmäßig ein unmittelbarer.

II. Indessen erfolgt unter bestimmten Voraussetzungen eine Ausdehnung der Haftung über diese Grenzen hinaus und es tritt eine Verantwortlichkeit für mittelbare Verursachung ein, indem dem Handelnden einerseits die nur mittelbar von ihm gesetzten Ursachen, andererseits die mittelbaren Wirkungen seiner Handlung zugerechnet werden.

1. Der Thäter haftet für eine Handlung, welche sich als mittelbare Ursache darstellt (mittelbare Thäterschaft), wenn er den Eintritt der unmittelbaren Ursache absichtlich hervorrief, insbesondere indem er sich eines anderen als Werkzeugs bediente, z. B. ein Kind zum Stehlen veranlaßte, oder auf denselben rechnete, z. B. darauf, daß der Kranke das hingestellte Gift im Glauben, es sei Arznei, einnehmen werde, oder unter den gegebenen und zu erwartenden Umständen mit demselben rechnen mußte, z. B. mit geringen Unvorsichtigkeiten des Verletzten[1]), ohne welche die Verletzung nicht eingetreten wäre[2]).

---

[1]) Eine konkurrierende Fahrlässigkeit des Verletzten schließt daher, sofern sie eine geringe war, die Haftung nicht aus. Anders, wenn sie eine ganz ungewöhnlich große und mithin nicht voraussehbare war. Ihre Wirksamkeit für den Erfolg ist dann eine so überwiegende, daß sie als die Ursache desselben erscheint.

[2]) Einen Fall der mittelbaren Verursachung stellen auch die sog. actiones

Bei Begehungsverbrechen durch Unterlassen findet Zurechnung zur mittelbaren Thäterschaft statt, wenn jemand den Eintritt der unmittelbaren Ursache vorsätzlich oder fahrlässig nicht hindert, obgleich er dazu verpflichtet ist, z. B. seinen ein Kind anfallenden Hund nicht zurückruft und dieser dasselbe verletzt.

Ist hingegen der Eintritt der unmittelbaren Ursache nicht voraussehbar, sondern liegt er außerhalb der auf die Erfahrung gegründeten Erwartung, so wird der Kausalzusammenhang unterbrochen, und der Handelnde haftet dann nicht für den eingetretenen Erfolg, so z. B. wenn ein Naturereignis denselben herbeiführt, ferner bei einem ganz ungewöhnlichen Verlauf der Handlung, bei welchem der Erfolg hervorgerufen wird durch eine Reihe von Umständen, wie sie in den seltensten Fällen zusammentreffen, bei Kunstfehlern des Arztes, groben Unvorsichtigkeiten des Verletzten oder vorsätzlichen Handlungen eines Dritten, welche erst den Erfolg herbeiführen.

Was zu erwarten ist, mithin voraussehbar ist, bestimmt sich dabei auf Grund der gegebenen Umstände: ein unter anderen Verhältnissen ungewöhnlicher Verlauf kann unter den gegebenen Umständen voraussehbar sein und mithin Haftung begründen. So ist insbesondere von Bedeutung die Beschaffenheit der Person, mit deren Verhalten der Handelnde rechnen mußte, ob es ein Kind oder ein Erwachsener ist, ob ein dem Trunke ergebener Mensch oder nicht, z. B. beim Stehenlassen eines geladenen Gewehres, einer Weinflasche, in der sich eine giftige Flüssigkeit befindet u. s. w.

2. Der Thäter haftet für den eingetretenen Erfolg, welcher die mittelbare Wirkung seiner Handlung ist, wenn aus dem von ihm verursachten leichteren Erfolg ein schwererer hervorgeht, und das Hervorgehen des schwereren aus dem leichteren erfahrungsmäßig möglich ist, sei es, daß sein Eintritt nach dem gewöhnlichen Verlauf voraussehbar war, also culpa vorliege, z. B. wenn eine schwere Verletzung zum Tode führt, sei es, daß der Erfolg mehr

---

liberae in causa bar, d. h. das Sichversetzen in einen Zustand aufgehobener Zurechnungsfähigkeit, um in demselben ein Verbrechen zu begehen, oder in der Weise fahrlässig, daß das Verursachtwerden des rechtswidrigen Erfolgs vorausgesehen werden konnte.

ober minder zufällig eintritt, aber doch nicht außerhalb aller Erwartung lag, z. B. wenn die Verletzung erst durch das Hinzukommen einer Blutvergiftung zu einer töblichen wurde.

Eine solche Haftung für mittelbare Wirkungen findet statt bei einer ganzen Reihe von Verbrechen, bei denen der Gesetzgeber den eintretenden schwereren Erfolg, ohne Rücksicht darauf, ob er vorauszusehen war oder nicht, dem Thäter zur Last legt. So bei allen Delikten, bei denen der Eintritt einer schweren Körperverletzung oder der töbliche Ausgang qualifizierend wirkt, z. B. Aussetzung, Zweikampf, vorsätzliche Körperverletzung, Vergiftung, Brandstiftung, Eisenbahngefährdung u. s. w.

Dagegen entfällt die Haftung für den schwereren Erfolg, wenn sein Eintreten außer aller Erwartung liegt, wie beim Eintritt eines Naturereignisses, z. B. wenn das ausgesetzte Kind durch einen Blitzschlag getötet wird oder der Verletzte durch eine Feuersbrunst im Spital umkommt.

B. Direkte und indirekte Verursachung.

I. Ein Erfolg kann verursacht werden entweder **direkt**, indem jemand **positive** Bedingungen für einen Erfolg, zu demselben hinstrebende, ihn fördernde oder begünstigende schafft, oder **indirekt**, indem er von demselben abhaltende, ihn hindernde, **negative** Bedingungen vernichtet oder aber pflichtwidrig zu setzen unterläßt. So ist es für die Zurechnung gleichgiltig, ob A ein Kind ins Wasser wirft, damit es ertrinke, oder ob er, wenn dasselbe ohne sein Zuthun ins Wasser gefallen war, den B an der Rettung desselben verhindert, oder wenn die Kinderwärterin es unterläßt, dem Kinde zu Hilfe zu kommen, obgleich sie es ohne eigene Gefahr thun kann.

Die indirekte Kausalität entsteht dadurch, daß zwei nebeneinanderlaufende Kausalreihen durch die rechtliche Erwartung in der Weise miteinander in Verbindung gebracht werden, daß die eine der anderen entgegenwirken soll oder nicht entgegenwirken soll. Sie beruht auf der Erfahrung, daß wirkende Kräfte sich in ihrer Wirksamkeit aufheben, hindern können. Die indirekte Kausalität kann sich darstellen als ein Verhindern oder ein unterlassenes Hindern, also in einem Thun oder Unterlassen bestehen.

II. Niemand ist aber Urheber eines Erfolges, wenn sich in seinem Verhalten positive und negative Bedingungen gegenseitig aufheben[1]). Deshalb haftet der Handelnde nicht:

1. einerseits, wenn er, ohne rechtlich hierzu verpflichtet zu sein, sich an einer schadhaften Brücke aufstellt, um die Passanten zu warnen, schließlich aber seinen Weg fortsetzt und nun ein Reisender verunglückt, oder wenn er ein Brett auf das Loch in der Brücke legt, sich dann aber anders besinnt und das Brett wieder wegnimmt, weil er sich sagt, die Sache gehe ihn im Grunde nichts an, und es sei dem zur Fürsorge für die Brücke Verpflichteten ganz recht, wenn er die Folgen seiner Nachlässigkeit zu tragen habe. Niemand ist im allgemeinen verpflichtet, zu Gunsten der Rechtswelt thätig zu werden, deshalb darf jemand, der aus freien Stücken zu Gunsten anderer thätig wird, von dieser Thätigkeit wieder zurücktreten, sofern er dadurch nur die Bedingungen beseitigt, die er freiwillig im Interesse der Rechtswelt gesetzt hat. Er wird aber verantwortlich, wenn in seinem Verhalten sich positive und negative Bedingungen für den Erfolg nicht gegenseitig aufheben, sondern wenn er in einer ihm erkennbaren Weise mehr Bedingungen für den Erfolg als gegen denselben gesetzt hat, also die Rechtslage verschlechtert worden ist, z. B. wenn er das Warnungszeichen an der Brücke, welches er beseitigt hatte, weil es ihm doch kein genügender Schutz zu sein schien, bei seinem Fortgehen nicht wieder aufrichtet. Ebenso, wenn er zwar nur wieder aufhebt, was er gethan hat, aber durch dieses Thun die Gefahr bereits definitiv beseitigt war, z. B. wenn er das Loch in der Brücke mit einem Brett bedeckt hatte und nun, am anderen Tage zurückkehrend, aus Entrüstung, daß die Brücke noch immer nicht ordentlich ausgebessert ist, sondern noch das Brett daliegt, dasselbe wieder entfernt. Die Gefahr für die Passanten war durch das Hinlegen des Brettes beseitigt, so daß der Verkehr über die Brücke ungehindert stattfinden konnte, und wenn er dasselbe nun wegnimmt, so begründet er damit einen neuen Zustand der Gefahr.

Der Rücktritt von einer freiwillig ausgeübten Thätigkeit zu

---

[1]) Binding, Normen II 234.

Gunften anderer ift alfo ftatthaft, wenn er in unmittelbarem zeitlichem Zufammenhange erfolgt und der Handelnde nicht mehr Bedingungen für den Erfolg als gegen denfelben gefetzt hat, oder das wenigftens nicht zu erkennen vermochte.

2. andererfeits, wenn er zwar pofitive Bedingungen für den Erfolg fetzt, indem er die mögliche Urfache für eine Gefahr gefchaffen hat, z. B. einen Brunnen gräbt, ein Haus baut u. f. w., zugleich aber die nötigen Gegenbedingungen fetzt, indem er die erforderlichen Vorfichtsmaßregeln ergreift (fog. komplementäre Thätigkeit)[1]), und nun ein Betrunkener in den Brunnen ftürzt u. f. w.

III. Direkt verurfacht werden kann der Eintritt eines rechtswidrigen Erfolges (pofitiver Erfolg) nur durch eine Begehungshandlung (reines Kommiffivdelikt), das Ausbleiben eines rechtmäßigen Erfolges (negativer Erfolg) bloß durch ein Unterlaffen (Omiffivdelikt). Indirekt kann aber auch:

1. der Eintritt eines Erfolges durch eine Unterlaffung bewirkt werden, Kommiffivdelikt durch Unterlaffung, d. h. durch unterlaffene Verhinderung des Erfolges.

a) Ein Kommiffivdelikt durch Unterlaffung, d. i. die Übertretung eines Verbots durch eine Unterlaffung, entfteht dann, wenn jemand, der zur Abwendung einer Gefahr verpflichtet ift, vorfätzlich oder fahrläffig die gebotene Hinderungshandlung nicht vornimmt und infolge des Ausbleibens derfelben der rechtswidrige Erfolg eintritt, z. B. der Bahnwärter vergißt die Weiche zu ftellen, und der Zug entgleift, A gräbt einen Brunnen und trifft keine Schutzmaßregeln, B fährt im Motorwagen darauf los und hält nicht rechtzeitig genug an, um auf der Straße fpielende Kinder nicht zu überfahren.

b) Rechtlich verpflichtet zur Abwendung von Gefahren ift einerfeits, wer, ohne rechtswidrige Abficht handelnd, durch fein Thun die mögliche Urfache zu einem rechtswidrigen Erfolg fetzt, wer alfo zu komplementärer Thätigkeit verpflichtet war, andererfeits gegenüber nicht felbfterzeugten Gefahren, wem gefetzlich oder vertragsmäßig die Fürforge für andere obliegt, wie z. B. den Eltern über ihre Kinder, dem Krankenpfleger, Gefangenen- und Bahnwärter.

---

[1]) Vgl. H. Meyer, Lehrbuch, S. 154.

c) Ob ein reines Kommissivdelikt oder ein Kommissivdelikt durch Unterlassung vorliegt, läßt sich daran erkennen, was dem Handelnden vorgeworfen wird, ob bloß eine unterlassene Hinderung oder ob bereits die vorausgegangene Handlung nicht hätte vorgenommen werden dürfen. Im letzteren Falle liegt ein reines Kommissivdelikt vor, z. B. wenn A den Hund überhaupt nicht auf den Angefallenen hätte hetzen sollen, im ersten Falle ein Kommissivdelikt durch Unterlassung, z. B. wenn der Hund aus eigenem Antrieb den Menschen anfiel, und der Thäter es nur unterließ, ihn zurückzurufen.

d) Die Konstruktion des Kommissivdeliktes durch Unterlassung ist eine sehr bestrittene. Man pflegt in der Unterlassung etwas rein Negatives, ein Nichts zu erblicken, das demgemäß auch nichts bewirken könne. Die Kausalität beim Kommissivdelikt durch Unterlassung wird daher so erklärt, daß man entweder:

α) eine positive Handlung als die eigentliche Ursache aufzudecken sucht, indem man eine der Unterlassung vorausgehende Handlung, mit der die Unterlassung als ein Ganzes aufzufassen sei, als die Ursache betrachtet (A. Merkel, Glaser), z. B. das Graben des Brunnens, das Fahren im Motorwagen u. s. w. Allein diese der Unterlassung vorausgehende Handlung kann nicht die Ursache sein, weil sie unter der Voraussetzung der komplementären Thätigkeit eine erlaubte Handlung darstellt, mithin nicht die Ursache eines rechtswidrigen Erfolges sein kann. Nicht daß A. den Brunnen gräbt, sondern daß er die nötigen Vorsichtsmaßregeln dabei unterläßt, ist die Ursache des eingetretenen Unfalls.

β) oder es wird die Unterlassung in eine positive Handlung umgewandelt, indem man ihr Wesen dahin bestimmt, daß sie ein Vernichten abhaltender Bedingungen darstelle (Binding, v. Buri). So sei z. B. der Bahnwärter eine abhaltende Bedingung, und diese werde durch das Unthätigbleiben, durch das Unterlassen der Weichenstellung vernichtet. Indessen repräsentiert der Bahnwärter nur eine Kraft, von der die den Erfolg abhaltenden Bedingungen ausgehen können und sollen, die abhaltende Bedingung selbst, die Vornahme der gebotenen Hinderungshandlung in Gestalt des Stellens der Weiche, unterbleibt aber gerade. Es ist somit noch gar keine abhaltende Bedingung da, welche vernichtet werden könnte, die Unter-

lassung ist also nicht Beseitigung einer schon vorhandenen Gegen=
bedingung, sondern das Nicht=Setzen einer solchen. Die abhaltende
Kraft, welche der Bahnwärter verkörpert, ist da, aber sie funktio=
niert nicht im gegebenen Falle.

γ) Ursache des eingetretenen Erfolges ist vielmehr die Unter=
lassung als solche, d. h. die unterlassene Hinderungshandlung, das
pflichtwidrige Nicht=Setzen der Gegenursache gegen den Erfolg.
Die Kausalität der Unterlassung besteht darin, daß vom Stand=
punkt der rechtlichen Erwartung aus betrachtet der Verlauf der
Dinge durch sie ein anderer geworden ist, als er sonst geworden
wäre, das Unglück wäre verhütet worden, hätte der Bahnwärter,
wie kraft seiner Pflichten zu erwarten, die Weiche gestellt. Die
Unterlassung verändert also den zu erwartenden Verlauf, so daß
nun der rechtswidrige Erfolg eintritt, der sonst erfahrungsmäßig
nicht eingetreten wäre.

δ) Nur innerhalb des Rahmens der Erwartung vermag die
Unterlassung eine Veränderung darzustellen, nur soweit also ein
Thun erwartet wurde, ist die Unterlassung kausal. Maßgebend ist
dabei, was vom Standpunkte des Rechts auf Grund einer vor=
handenen Rechtspflicht erwartet werden kann, deshalb ist z. B., da
das Recht im Gegensatz zur Moral keine allgemeine Pflicht zur
Hilfeleistung kennt, die unterlassene Hilfeleistung nur dann im
Rechtssinn als die Ursache für den Tod des Ertrunkenen dem
Unthätigbleibenden zuzurechnen, wenn eine besondere Rechtspflicht
für ihn bestand.

2. Das Ausbleiben eines Erfolges, also ein negativer Er=
folg, kann durch eine Begehungshandlung hervorgerufen werden
(Omissivdelikt durch Begehung). Ein Omissivdelikt durch
Begehung stellt sich dar formell als Übertretung eines Gebots durch
eine positive Handlung, materiell als Verursachen des Ausbleibens
eines rechtmäßigen Erfolges durch Hinderung seines Eintretens.
Ein solches liegt z. B. vor bei der Hinterziehung der Wehrpflicht
durch Auswanderung oder Verstümmelung (St.G.B. §§ 140—142).
Durch diese Handlungen wirkt der Wehrpflichtige dem Eintritt des
vom Recht gebotenen Erfolges entgegen, er hindert denselben.

§ 7. 3. Der Zufall.

1. Zufall ist das Gesetzlose, das nicht vom Gesetz Beherrschte. Der Begriff des Zufalls kann im Strafrecht bezogen werden zunächst auf die Ursache (Zufall = zufällige Ursache), dann ist sein Gegensatz der Wille des zurechnungsfähigen Menschen. Der Wille des Zurechnungsfähigen ist die einzige Ursache, welche das Recht als vollwertig anerkennt, weil er die einzige Kausalität darstellt, welche dasselbe durch seine Gebote und Verbote zu beherrschen vermag. Alle sonstigen Ursachen sind daher im Rechtssinne Zufall, z. B. Naturereignisse, Thaten eines Unzurechnungsfähigen u. s. w. — Der Begriff des Zufalls kann aber auch bezogen werden auf die Gestaltung des Verlaufs einer Handlung und auf die Wirkung, die aus ihr entspringt, dann bedeutet er im Gegensatz zu dem auf Grund der Erfahrung als regelmäßig zu erwartenden Verlauf, den von der Erwartung abweichenden, also den nicht vorauszusehenden Verlauf. (Zufall = zufällige Wirkung und zufälliger Zusammenhang.)

2. Wer rechtmäßig handelt, haftet nicht für den Zufall. Deshalb ist z. B. nicht verantwortlich, wer in gerechter Notwehr den Angreifer verletzt, wenn dieser infolge einer Blutvergiftung umkommt, ebensowenig der Arzt, dessen Operation infolge nicht voraussehbarer Sachlage zu einem tödlichen Ausgang führt.

Wer dagegen in Schuld ist, haftet für den Zufall. Er haftet daher für den Eintritt des Erfolgs, auch wenn ein Zufall dabei mit wirksam war. So der Wilddieb, der auf den Forstwart in Tötungsabsicht schießt, ihn aber nur dadurch tödlich verletzt, daß dieser gerade stehen bleibt oder eine unwillkürliche Bewegung macht. Ebenso der Brandstifter, wenn erst ein plötzlicher Windstoß das angelegte Feuer so anfacht, daß es das Haus erfaßt (vgl. oben S. 53).

Wer in Schuld ist, haftet ferner auch für den schwereren Erfolg, der zufällig aus dem von ihm verursachten leichteren hervorgeht, z. B. wenn die vorsätzlich zugefügte Körperverletzung infolge Blutvergiftung zum Tod des Verletzten führt. Eine solche Haftung findet überall statt, wo der tödliche Ausgang oder der Eintritt einer schweren Verletzung qualifizierend wirkt, so bei Körperverletzung, Aussetzung, Freiheitsberaubung, Brandstiftung u. s. w. (vgl. oben S. 55).

Ihre Grenze findet die Haftung für Zufall in dem Rahmen der Erwartung. Was außerhalb aller Erwartung und mithin der Voraussehbarkeit liegt, wie z. B. der Eintritt von Naturereignissen, hat auch der schuldhaft Handelnde nicht zu verantworten.

Druckfehler:

S. 2 Z. 18 v. oben statt das ihrige lies für das ihrige.
S. 25 Z. 5 v. unten = eine = in.
S. 32 Z. 2 v. oben = berüht = berührt.
S. 43 Z. 2 v. unten = Macht = Recht.
S. 46 Z. 10 v. oben = diese = dieser.

Printed by Libri Plureos GmbH
in Hamburg, Germany